“赢在开门红”巡讲获得证书

"赢在开门红"课堂展示

"赢在开门红"证书展示

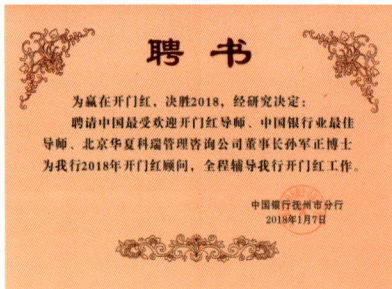

聘 书
为赢在开门红，决胜2018，经研究决定：
聘请中国银行业开门红创新研究院院长、中国银行业最佳导师、北京华夏科瑞管理咨询公司董事长孙军正博士为我行2018年开门红顾问，全程辅导我行开门红工作。
中国银行乌兰察布市分行
2017年12月5日

聘 书
LETTER OF APPOINTMENT
为赢在开门红，决胜2018，经研究决定：
聘请中国银行业开门红创新研究院院长、中国银行业最佳导师、北京华夏科瑞管理咨询公司董事长孙军正博士为我行2018年开门红顾问，全程辅导我行开门红工作。
中国银行股份有限公司双鸭山分行
2017年12月8日

聘 书
LETTER OF APPOINTMENT
为赢在开门红，决胜2018，经研究决定：
聘请中国银行业开门红创新研究院院长、中国银行业最佳导师、北京华夏科瑞管理咨询公司董事长孙军正博士为我行2018年开门红顾问，全程辅导我行开门红工作。
中国银行赤峰分行人力资源部
2017年12月16日

聘 书
为赢在开门红，决胜2018，经研究决定：
聘请中国银行业开门红创新研究院院长、中国银行业最佳导师、北京华夏科瑞管理咨询公司董事长孙军正博士为我行2018年开门红顾问，全程辅导我行开门红工作。
中国银行金华分行
2017年12月22日

聘 书
为赢在开门红，决胜2018，经研究决定：
聘请中国银行业开门红创新研究院院长、中国银行业最佳导师、北京华夏科瑞管理咨询公司董事长孙军正博士为我行 2018 年开门红顾问，全程辅导我行开门红工作。
中国银行齐齐哈尔分行
2017年12月27日

聘 书
为赢在开门红，决胜2018，经研究决定：
聘请中国银行业开门红创新研究院院长、中国银行业最佳导师、北京华夏科瑞管理咨询公司董事长孙军正博士为我行2018年开门红顾问，全程辅导我行开门红工作。
中国银行
2017年12月28日

聘 书
为赢在开门红，决胜2018，经研究决定：
聘请中国最受欢迎开门红导师、中国银行业最佳导师、北京华夏科瑞管理咨询公司董事长孙军正博士为我行2018年开门红顾问，全程辅导我行开门红工作。
中国银行抚州市分行
2018年1月7日

聘 书
为赢在开门红，决胜2018，经研究决定：
聘请中国最受欢迎开门红导师、中国银行业最佳导师、北京华夏科瑞管理咨询公司董事长孙军正博士为我行2018年开门红顾问，全程辅导我行开门红工作。
中国银行哈尔滨道里支行
2018年1月8日

聘 书
为赢在开门红，决胜2018，经研究决定：
聘请中国最受欢迎开门红导师、中国银行业最佳导师、北京华夏科瑞管理咨询公司董事长孙军正博士为我行2018年开门红顾问，全程辅导我行开门红工作。
中国银行银川市西夏支行
2018年1月12日

聘 书
LETTER OF APPOINTMENT
为赢在开门红，决胜2018，经研究决定：
聘请中国银行业开门红创新研究院院长、中国银行业最佳导师、北京华夏科瑞管理咨询公司董事长孙军正博士为我行2018年开门红顾问，全程辅导我行开门红工作。
中国银行浙江省分行个人金融部
2018年2月1日

商业银行"赢在开门红"系列丛书

赢在开门红
决胜公私联动

孙军正 ◎ 著

煤炭工业出版社

·北　京·

图书在版编目（CIP）数据

赢在开门红　决胜公私联动/孙军正著．－－北京：
煤炭工业出版社，2018

（商业银行"赢在开门红"系列丛书）

ISBN 978－7－5020－6347－4

Ⅰ.①赢…　Ⅱ.①孙…　Ⅲ.①互联网络—应用—商业
银行—经营管理—研究　Ⅳ.①F830.33－39

中国版本图书馆 CIP 数据核字（2018）第 036967 号

赢在开门红　决胜公私联动（商业银行"赢在开门红"系列丛书）

著　　者	孙军正
责任编辑	刘少辉
封面设计	韩庆熙

出版发行　煤炭工业出版社（北京市朝阳区芍药居 35 号　100029）
电　　话　010－84657898（总编室）
　　　　　010－64018321（发行部）　010－84657880（读者服务部）
电子信箱　cciph612@126.com
网　　址　www.cciph.com.cn
印　　刷　北京亚通印刷有限责任公司
经　　销　全国新华书店

开　　本　710mm×1000mm$^1/_{16}$　印张　16$^1/_4$　字数　250 千字
版　　次　2018 年 4 月第 1 版　2018 年 4 月第 1 次印刷
社内编号　20180016　　　定价　42.00 元

前　言

互联网时代，传统商业银行的日子似乎并不好过。一方面来自转型升级压力，另一方面来自被瓜分、挤压的市场。南方某商业银行行长说过一句话："深耕营销，走精细化转型之路，才是未来商业银行的发展方向。"如何深耕营销呢？可能有许多思路，比如社区促销、互联网营销、网格化营销等。开展公私联动同样也是一种思路和做法。

如今，许多商业银行都在开展这项业务。对公部门不再单纯对公，而是在开展对公业务的同时深挖公司客户内部的个人客户；个金部门不再单纯针对私人，而是在开展对私业务的同时深挖个人客户身后的人脉，搭建对公业务桥梁……公私结合，彼此共享客户资源，打造综合金融服务体系，深挖客户价值，是当前商业银行创新转型的重要方式。开门红作为新年伊始的重要工作，要为商业银行的"开源"赢得满堂彩。选择公私联动营销的方式，就显得特别有意义。

首先，公私联动是一种深挖市场的做法。

在客户资源有限的今天，深挖客户需求潜力，体现价值最大化，是当下最简单、直接的营销方式。因此，商业银行要思考一个问题：客户市场有无深挖？许多商业银行只是将营销停留在"大面"上，而忽略了"大面"上的"点"；还有一些商业银行反而是"捡了芝麻、丢了西瓜"！公私联动就是"大面"与"点"结合的营销，既要捡芝麻，又要捡西瓜。

其次，公私联动是一种资源整合的做法。

互联网时代的特点，就是资源共享与整合。坚持公私联动营销不动摇，就是一种顺应时代发展的行为。整合资源有两个方面：一是整合客户资源，将公司客户与个人客户进行对接，寻找突破口；二是整合人力资源，建立对公岗位与对私岗位协作机制，加强分工与协作，对客户资源进行深度开发。

再次，公私联动是一种交叉营销的做法。

经过这些年的实践，许多开展公私联动营销的商业银行，零售业务都做得非常棒。公私联动有三个特色：一、整合条线，做到交叉营销；二、整合产品，做到交叉营销；三、整合客户，做到交叉营销。另外，深挖存量客户需求也是公私联动的一堂必修课。

本书中，我们主要从三个板块进行探讨。第一板块，公私联动的概念和思维。了解公私联动的好处，培养公私联动思维，是开展公私联动工作的基础。第二板块，公私联动的管理者和员工。作为公私联动的直接执行者，具备开展公私联动的基本素质是非常重要的。第三板块，公私联动的战略和实战。商业银行通过制定科学的营销策略、深挖客户需求、做好客情维护工作，将客户身上的价值彻底转化出来。只有这样，才能全面落实公私联动工作。

在此，作者非常感谢出版社的朋友对这本书的鼎力支持。本书能够与广大读者共同分享，也是作者之幸！

孙军正

2018.1

目录

PART1　公私联动概念、思维篇

PART3 公私联动战略、实战篇

PART I

概念、思维篇

公私联动

第
一
章

公私联动的概念和意义

一、探析商业银行公私联动机制

互联网时代，网络点击率最高的其中一个词是：共享！何为"共享"呢？就是共同享受各种资源，比如互联网资源、信息资源、社会资源、财富资源等。"共享"并不是完全免费的，而是一种开放环境所形成的一种资源利用方式。"共享"改变了我们，同样也改变了世界。在这个共享世界里，没有界限，没有壁垒，是一体化的，甚至是完全融合的。随着互联网时代的延伸，许多商业银行也开始探索"共享"营销的方法，这个方法就是"公私联动"。

简言之，公私联动就是将"对公业务"与"对私业务"进行整合，消除部门之间的壁垒，形成一种联合营销的局面。对公客户经理可以给个金客户经理提供企业个人情报，深度挖掘企业内部的个人需求；个金客户经理可以给对公客户经理提供个人客户身后的企业、组织信息，深度挖掘个人身后的对公资源……由此看来，公私联动是一种非常好的营销结合方式。不仅能够起到开拓市场的作用，而且能够形成营销合力，发挥银行团队优势。

公私联动模式进入中国近20年，在国内发展十分迅速。许多商业银行采取一种"交叉营销"的方式，就是公私联动营销的模型。举个例子：某商业银行与某企业有对公业务关系，与此同时也在该企业内部开展个人业务，比如银行卡的办理、理财产品的推广、个人住房贷款业务的开展等。这种模式，不仅帮助企业解决了需求难题，而且还满足了企业内部员工的个人需求。

山东某银行，为了满足周边市场的客户需求，采取"以公带私"的方式，以当地优势化工企业为主要客户目标，重拳出击对公业务，以此带动全行业务。这家银行将客户需求与银行产品进行优化匹配，对客户采取"360"营销。通过这种方式，这家银行将周边企业优质高管纳入个人大客户管理，成功营销个人大客户165人，财富管理客户93人。除此以外，该银行通过梳理个人客户不断发掘企业客户资源，通过"以私促公"的方式，成功营销企业客户13家。这家银行的行长感慨："不是客户缺乏需求，而是缺乏深挖客户需求的理念。"凭借这个理念，这家银行成为该地区商业银行的学习典范。

与此同时，商业银行开展"公私联动"业务依旧存在许多问题。尤其在"以块为主、条块分割"的管理大环境下，难以形成有效的资源整合。但是自古以来，我国就有"以块为主、条块结合"的郡县管理制度，这种管理方式恰恰给商业银行指明了方向。目前，商业银行公私联动面临的主要问题有三个。

1. 组织架构落后

我国传统的银行架构，如同"金字塔"，一级银行管理一级银行，组织架构庞大，管理条线十分冗长。举个例子：一笔银行业务，从办理到审批，层层环节下来，不仅延误了最佳业务办理时间，而且还给客户留下"办事效率低"的不良印象。虽然许多银行纷纷打造"一站式服务"，但是碍于组织架构的落后，无法真正体现"一站式服务"的优越性。银行组织架构改革，恐怕不是一天可以完成的。真正实现"公私联动"营销，还有很长的路要走。

2. 客户管理落后

许多银行依旧采取公私分离的客户管理方式，不同的业务条线有不同的客户管理系统。举个例子：有些银行对于个人客户信息，不同的业务分属不同的业务部门管理。比如，属于个金部门管理客户基本信息，信用卡信息属于信用卡部门管理……这些部门并未实现客户共享，甚至给人一种"老死不相往来"的感觉。因此，商业银行只有消除这种障碍，借助"互联网"和"大数据"，提升客户信息管理水平，打造客户资源共享平台，才有利于公私联动业务的开展。

3. 绩效考核落后

传统的银行绩效考核，通常采取两套分离的管理办法。针对"对公业务"有一套绩效考核办法，针对"对私业务"有另外一套绩效考核办法。两套办法并不兼容，而且差异较大。在公私联动过程中，由于缺乏第三套考核办法，难以计算出员工的绩效与贡献值，在考核奖励方面就难以做到公平、合理。商业银行的管理者只有研究、制定一套关于"公私联动"营销的绩效考核模式，才能解决绩效考核问题，从而激发员工的联动积极性。

不管如何，公私联动是具有深化商业银行改革意义的营销方式。它不仅符合时代潮流，而且能够提高客户市场的利用率，非常有实践意义。

二、公私联动：推动银行综合业务营销

有个商业银行行长认为：公私联动是做大综合业务营销的基础。公私联动更像是一种资源整合，它将两种甚至多种不同的资源整合在一起，彼此交换、分享资源，形成一种竞争优势。如果用一个形象的比喻，公私联动等同于"左右拳"协同出击，其效果要远远大于一个拳头的力量。

如今许多商业银行网点都在开展公私联动营销，整合营销职能，做好、做强营销产品组合，搭建"以客户为核心"的一条龙式的全营销服务。

北方有一家商业银行，为了整合客户资源、深挖客户需求，成立了一支由行长亲自负责的公私联动营销队伍，建立了"以公带私、以私促公"的联动营销机制。首先，这家商业银行坚持"先易后难"的原则，从老客户、重点客户入手，对客户的背景、关系、组织结构等进行梳理，深挖客户的多元需求。该银行营销人员始终坚持"顾客就是上帝"的理念，以高质量的服务

换来客户的信任和满意。通过加强客户沟通，与许多企业客户建立了"战略伙伴关系"，与企业内部的个人客户也建立了稳定的合作关系。另外，这家商业银行将银行产品进行捆绑整合，推出DIY"套餐"服务。产品组合不仅能够满足企业客户、个人客户的个性化需求，也能够带动全产品营销。

公私联动营销还可以深挖存量客户潜能。这家商业银行在开展公私联动业务的同时，积极邀请、走访存量客户，了解存量客户的需求。俗话说，存量客户是银行财富资源的一块"自留地"，能够挖掘出存量客户的需求，对商业银行发展有极强的推动作用。因此，这家银行开展组织学习，让公私条线的营销人员熟练掌握各种银行产品的属性。对企业客户，采取以代发工资、商品交易为基础的营销活动方案，进一步拓展企业内部客户、企业上下游企业客户和个人客户……通过这种方式，该银行不但扩大了营销范围，而且还激活了大量存量客户，提高了资源利用率。

事实上，公私联动不仅是一种营销方式，还是一种管理意识。有一位资深银行管理者认为："公私联动是一种大局观，一种打破界限的管理意识。"许多商业银行虽然推动公私联动，但是思想意识却落在了后面。举个例子：某商业银行开展公私联动，但是效果却非常差。一名员工感慨："表面上大家都在一起配合工作，实际上每个人都有自己的'打算'。"为了让自己的利益最大化，各部门都留有"后手"，唯恐另一方拖自己的后腿。到头来，公私联动活动变成了"你方唱罢我登场"。还有一些银行，采取了一种"重联动、轻协作"的营销方式。这种"公私联动"营销，依旧是浮于表面的营销方式，到头来依旧收效甚微。

公私联动是一种意识，这种意识需要各岗位营销人员能够放下内心戒备、统一思想，养成一种协作、共享的意识。公私联动是一种没有隔阂的综合营销，它需要从"借力"到"互补"，从"联动"到"合作"。除了商业银行，许多行业也都采取"联动营销"的方式进行跨行业、跨部门合作。比如多家航空公司之间的合作，将航线资源、客户资源、服务资源进行整合，形成一种聚合效应；比如各大电商之间的合作，形成一种"覆网效应"，进而垄断客户资源。虽然"垄断"二字不是一个被提倡的名词，但是占据金融市场主导、拥有强劲的市场竞争力，不就是当代商业银行所努力奋斗的目标吗？

公私联动营销是一种综合业务全营销，做好这项工作，银行管理者还要做好三件事。

1. 强化考核、落实责任

公私联动，责任是根本，考核是重点。如果一家银行在缺乏责任机制的前提下开展业务，就难以将业务落实到位。落实"公私联动"责任机制，是首要工作。其次，要建立"公私联动"考核机制，借助考核激励员工的工作积极性，从而推动公私联动的开展。

2. 制订综合业务营销方案

制订方案如同写作文打草稿、列提纲，同样也是基础性工作。有些商业银行网点把公私联动当成一种口号，在没有营销方案的前提下盲目开展营销活动。到了最后才发现，对公业务依旧是对公业务，对私业务依旧是对私业务……两者依旧是分开的，并未整合在一起。

3. 对客户进行分层管理

或许有人问，公私联动不就是打破公私界限，施行一体化、综合化管理吗？事实上，对客户采取分层管理，更能够区分重点。商业银行客户经理对银行客户进行分层、分类，哪些是大客户、哪些是优质客户、哪些是普通客户……突出重点、统筹全局，才能够开展多层次、多维度、全方位立体式综合营销。

公私联动是非常好的营销方式，它不仅可以点燃全员营销的激情，而且还能够促进条线融合，形成一支有凝聚力的营销团队。

三、公私联动：增强客户黏度

公私联动营销也是一种深耕客户需求的精准营销模式。互联网时代，商业银行在竞争激烈的市场面前，更应该做好公私联动、精准营销工作。有人说，公私联动并非仅是"公私结合"，而是一种深度营销的行为。公私联动能够增强客户黏度和忠诚度，还能够解决商业银行难以解决的难题和困惑。

客户黏度是如何定义的呢？就是客户对商业银行的依赖程度。关系越紧密，依赖程度也就越高。打个比方：一个家庭里，子女对父母的依赖程度是很高的，这种依赖程度是建立在父母与子女之间的血缘关系上。商业银行与客户，并没有血缘关系，但是却有一种合作关系。将这种合作关系上升到"血缘关系"，银行的营销策略就是成功的。如今越来越多的商业银行采取"捆绑"式策略，打算通过某种服务、产品实现捆绑客户的目的。还有一些商业银行，为客户提供良好的体验，通过客户体验体现银行的营销价值。不管如何，培养客户黏度对银行战略发展能够起到非常好的支撑作用。

公私联动是一种综合营销服务，它能够为企业、个人解决综合需求问题，从而增强客户黏度。公私联动营销服务，可以体现在以下四个方面。

1. 紧密程度

客户关系的紧密程度，是客户管理的重要体现。简言之，客户关系疏远，双方不会有紧密的合作关系；客户关系紧密，双方就会有长期、互利的合作关系。客户关系，既简单、又复杂。所谓"简单"，就是营销客户过程要简单，以服务为基础，以产品为核心，以解决客户需求为己任；所谓"复杂"，就是沟通、联络、发展客户过程中，要借助一定的手段、策略、方针，才能构筑关系紧密的客户关系。

公私联动是一种多层次、多维度交叉式营销，这种方式可以通过整合资源的方式满足客户的多种需求。比如，某企业管理者为某商业银行的个人客户，与此同时他还有企业相关的"需求"。如果该商业银行能够满足该企业管理者的个人需求及企业管理需求，就能提升银行与客户的紧密程度。

2. 支持程度

通常来讲，大多数商业银行都有"客户支持度模型"。所谓客户支持度，就是客户为商业银行带来的价值。支持度越大，带来的银行价值也就越大；支持度越小，带来的银行价值也就越小。

但是社会上总有一种声音：为什么感觉不到银行对我们的支持呢？分析起来，有两个原因：第一个原因，服务、产品不给力，达不到客户的需求；第二个原因，缺乏"客养体系"，销售、服务平台不健全。公私联动营销是一种全方位、立体式营销，它可以整合渠道和产品，360度满足客户的实际需求。另外，公私联动营销本就是一种"体系"，这种体系可以提供一种开放、共享、公平、互动的平台。这样的平台，能够提高客户的关注度和支持度。

3. 满意程度

客户的满意程度，是一种需求与体验的匹配程度。如果客户对商业银行提供的服务和产品不满意，就会选择另外的服务、产品供应商。举个例子：某商业银行营销某企业，不仅为该企业提供代发工资、产品交易、转账汇款、产品升级贷款、理财等服务，而且还解决了企业内部员工的理财需求、房贷需求、信用卡需求、缴费需求、电商购物需求等。公私联动营销解决了对公客户的综合性问题，也因此提高了该客户的满意程度。

如今，越来越多的商业银行重视客户的满意程度，每年定期向客户发放满意程度调查表。满意程度调查表能够客观反映出客户的想法、要求，并为银行改善营销服务提供科学依据。但是需要提示的是，客户满意程度与客户满意度有"本质"区别。客户满意程度，是一种情感需求满意程度；客户满意度，则是一种管理策略名词。

4. 忠诚程度

公私联动是一种提高营销深度、服务广度的营销方式，它不仅可以为客户提供更加丰富的产品服务组合，而且还能够开发出客户的"潜在价值"，体现客户价值最大化。公私联动能够提供丰富的产品组合，这种产品组合可以根据个性进行量身打造；公司联动可以提供"一站式"的人性化服务，从而实现企业、个人服务一站式办理。通过提升产品质量和服务质量，公私联动营销可以提升客户对企业的依赖性，使客户对商业银行更加信赖。

互联网时代，公私联动营销更加数据化、精准化。借助互联网、大数据进行公私联动营销，能够进一步提升客户黏度。因此，商业银行的管理者还要以开放的胸怀拥抱时代变革，提高公私联动营销的活力。

四、公私联动：一种"品牌"营销策略

品牌，是许多企业、银行所追求的方向。打造银行品牌，也是我国商业银行的奋斗目标。品牌是一种标志，蕴涵着一种能量。举个例子：人们购买商品，一方面考虑价格，另一方面考虑品牌。购买电视机，率先想到的是索尼、松下、海信；购买手机，首先想到的是苹果、三星、华为。品牌自带广告效应，比如看到ICBC的英文缩写，立刻就能想到工商银行。

有人会问：品牌与公私联动营销有何关联呢？事实上，品牌树立与商业银行的服务、产品息息相关。公私联动营销，能够将服务、产品进行有机整合和串联，形成一种优势资源。换句话说，商业银行的品牌需要通过营销建立。举个例子：招商银行是非常重视品牌建设的商业银行，它有一个宣传口号：一朵花，一句话，一个人。一朵花，是一朵向日葵，给客户留下阳光般的微笑；一句话，就是"因你而变"；一个人，是招行的形象代言人郎朗。

说到底，"一朵花，一句话，一个人"体现的是一种服务，通过阳光服务传递良好的形象和口碑。公私联动营销，既是条线整合和客户资源整合，也是产品整合与服务整合。做大、做强服务，坚持公私联动营销之路是正确的选择。商业银行管理者如何借助公私联动营销建立银行品牌呢？

1. 营销移动化

互联网时代，移动化的销售管理是未来发展的趋势。公私联动营销，既要坚持传统营销策略，更要借助移动互联网设备，比如通过手机、PC等客户端进行联动营销。如今，国外许多商业银行为营销人员配备移动营销设备，专门进行移动化营销工作，并取得了不错的效果。

另外，互联网时代呈现出信息化的特点。越来越多的人用过移动互联工具进行工作、社交、购物、理财。如果商业银行能够抓住互联网大潮，做好移动化公私联动营销管理，将会取得突破。

2. 营销趣味化

当下的营销方式，大多是传统的、乏味的。电话营销，就是通过打电话向客户介绍各类产品；"扫楼"，就是通过扫楼拜访进行产品推介……许多人对于这样的营销感到厌倦，甚至在门上贴出标语：谢绝推销！

南方有一家商业银行就采取了一种趣味性联动营销方式，取得了不错的效果。这家商业银行走进企业，为企业老板和员工颁发各种"证书"和"奖状"，其中有"最喜欢的银行客户奖""最信任的银行客户奖"……甚至还有"老客户"证书等。通过这种"游戏"，增加了营销互动的趣味性。还有一些商业银行为客户提供"在线抽奖"的机会，凡是符合条件的客户都可以参与抽奖，且中奖率100%。趣味化的营销方式不仅能够给客户带来新鲜感，而且还能让客户参与银行提供的营销互动游戏。随着互动的升温，银行效益也会得到倍增。

3. 营销IP化

IP化营销是一个新概念，IP化营销也是一种品牌营销方式。举个例子：

"网红经济"成为社会的一个符号，由"网红经济"派生出来的效益也是十分惊人的。IP可以是一个"网红"，一句话，甚至还可以是一个卡通人物。美国迪士尼利用卡通形象IP，开发出非常多有市场价值的商品，比如背包、水杯、玩偶、服装、首饰、挂扣等。

互联网时代，IP化营销是俘获年轻人的利器。如今，"80后""90后"逐渐成为时代主宰者。他们也是商业银行潜在的客户群体。如果能够将公私联动营销与IP营销相结合，就会刮起一阵时代风。在这方面，浙商银行成为业内的佼佼者。浙商银行借助小红人"Red O"打造IP，不仅展示了自身的形象，而且也取得了良好的收益。

4. 营销病毒化

"病毒"二字，许多人听到后头皮发麻。如今却有一种营销风靡世界，它就是病毒营销。顾名思义，病毒营销就是借助公众的交际网络，用一种"病毒扩散"式的信息传播方式对潜在客户进行"轰炸"。当然，这种"轰炸"并非是恶意的。如果商业银行提供了非常好的服务和产品，这种"病毒扩散"就会演变成口口相传。

2015年广发银行曾在自己的"有米直销银行"的APP上推出一个名为"漂流瓶"的活动，通过"漂流瓶"，引导广大客户向自己的朋友、亲人、企业等宣传"有米直销银行"。短短一个月的时间，就有几十万人成功参与。如果将病毒营销运用到公私联动活动中，想必也会产生"裂变"，带来很好的促进作用。

除了以上四种形式，营销事件化、营销场景化、营销游戏化也是建立商业银行品牌的方式。公私联动是一个活动、一个平台，它可以装载许多种营销手段。只要能够形成聚合效力，就能为商业银行品牌建设贡献力量。

五、公私联动：提高银行竞争力

公私联动并不是一个新鲜概念，十多年前就已经进入国内，成为一种较为成熟的银行营销策略之一。随着互联网时代的到来，人们发现，公私联动不仅是一种适应当下时代发展的营销策略，还是一种共享的、能够打破边界的营销模式。所谓"共享"，就是银行各条线部门共享客户资源与产品服务；所谓"打破边界"，就是条线与条线融合、部门与部门融合、各分支网点进行融合，形成一种营销"大一统"。但是这种"大一统"并非统一管理，而是将系统内的所有客户放在一个类似于"资金池"的数据库里，系统内的任何部门都可以调用相关客户资料，对该客户进行服务推送或者营销。这种方法不仅提高了客户资源的利用率，而且降低了营销管理成本，提高了银行的核心竞争力。

山东某商业银行开展"以公带私、以私促公"的开门红活动，他们利用春节节日走访之际，在走访企业客户的同时推介企业内个人银行产品。营销某大型企业过程中，该商业银行制订了个性化专属"产品+服务"方案，赢得了该企业客户的信任。与此同时，该商业银行组织个人客户经理在该企业进行相关金融知识的推广与讲座，在企业内发展个人客户100多人，吸纳定期储蓄存款200多万元。该银行行长说："坚持公私联动营销，我们银行提前实现了全年首季开门红。"通过多部门密切合作，该商业银行不仅取得了收益，而且还提高了团队凝聚力和战斗力。

这样的案例举不胜举，公私联动甚至也成了大营销、大零售的代名词。在这个案例中，我们可以得到三个启示。

1. 营销大客户的重要性

大客户是"二八定律"中的"八"，是商业银行发展之根本。精准营销大客户，就能够紧紧把握自己命运。大客户分为企业客户和个人大客户。企业大客户对商业银行的要求较高，但却能够给商业银行带来较大的经济效益和社会效益。深度锁定企业大客户，挖掘企业大客户的内部资源，把握企业内部资源的需求，有的放矢，就能将企业内部资源开发出来。个人大客户虽然与企业大客户不同，但是个人大客户身后的背景、资源却非常值得开发、挖掘。公私联动就是把握大客户，深度营销大客户内部资源，进一步提高客户资源的利用率。

2. 渗透营销的重要性

公私联动营销就是一种渗透营销。这种营销，就像雨水渗透泥土，层层递进、层层渗透。渗透营销需要做好六项工作。

（1）通过不断宣传银行的产品和服务，对客户进行潜移默化地影响，从而改变客户的观念，培养客户兴趣。

（2）为客户普及相关金融知识，并结合知识点为客户提供可选择的产品或服务，激发客户需求。

（3）每一次与客户的接触过程中，都要给客户留下良好的印象，建立起双方互信关系。

（4）为客户提供的产品和服务要符合客户的长远发展目标，产品和服务要具有一定的适应性和前瞻性。

（5）如今客户喜欢"自作主张"，商业银行要为其提供多个解决方案，供其选择。

（6）"关系"社会的特殊性需要商业银行管理者认真思考，并采取有针对性的攻关策略。

渗透营销有助于商业银行梳理营销渠道，设计差异化的产品组合和服务方案，从而提高营销转化率。

3. 合力营销的重要性

合力营销，就是各部门、上下级形成一股合力，发挥组织优势，并进行的一种全方位营销模式。合力营销是公私联动营销的2.0版本，它不仅能够推动客户资源与营销渠道的整合优化，而且还可以强化营销过程的执行力度和责任落实，进一步提高营销的精度和深度。

南方有一家商业银行，行长、副行长领导合力营销小组，开展公私联动上门营销。为了体现合力价值，他们在做企业客户的同时，对企业内的干部员工进行统计记录，然后挨家挨户上门营销。俗话说，功夫不负有心人！通过这种合力上门营销的方式，这家商业银行打开了营销局面，取得了非常好的营销业绩。

合力营销，需要商业银行全部门同心协力、互助共享。与此同时，还要责权明确，完善"前台—后台"的传导机制。消除了业务壁垒，才能实现从部门银行到流程银行的转变。

有一个银行行长认为："公私联动能够打破单一的营销模式，进一步推动私人银行业务的发展……这与开展'零售银行'和'轻资产银行'的思路是不谋而合的。"公私联动能够进一步稳固客户市场，提升客户市场的转化效率。开展公私联动，对提高商业银行的市场竞争力和开拓力有极大的帮助。

六、公私联动：聚力银行开门红

　　传统营销时代，我们可以用"单兵作战"四个字来形容。孤胆英雄力挽狂澜拯救一个银行甚至是一个大企业的现象，是屡见不鲜的。这类"孤胆英雄"如同好莱坞大片中的超级英雄，能够凭借一击之力拯救组织于水火之中。随着互联网时代的到来以及行业分工的日益精细，孤胆英雄的时代可谓一去不复返。因此，商业银行营销管理也发生了较大的变化。传统营销被现代营销所代替，个人营销被团队营销所取代。

　　公私联动营销是一种团队营销。在这个团队里，条线之间相互帮助、共同分享、相互借力，完全能够体现出团队的优势。某商业银行行长认为："公私联动是一种团队营销思维，它突出综合性和专业性，能够快速挖掘客户的需求，借助联动服务、综合产品解决客户需求。"在公私联动营销团队中，每个人都有不同的分工。通过精细化分工，不仅能够促进营销工作的开展，而且能够完善营销体系的建设。如今，许多商业银行借助公私联动聚力银行开门红，并取得了非常好的效果。

南方有一家商业银行借助"四个力"开展公私联动开门红工作，创造了业内奇迹。

第一个力是"宣传力"。过去，许多商业银行的营销工作是"默默无闻"的。客户经理表面非常忙碌，但是实际效果却不好。这家商业银行在做营销之前，首要工作是进行声势浩大的"宣传"工作。首先，他们利用各种平台、渠道向客户群散发银行产品、服务信息，向客户普及相关知识。其次，他们还进入社区、商区、园区设摊宣传，向潜在客户群发放宣传册、各种宣传性礼品等。宣传力度上去了，同样也得到了很好的社会反响。

第二个力是"协调力"。以往，银行的前后台是分离的。为了做好联动营销开门红，银行行长制定了"岗位协调机制"，明确了后台对前台的"协调"职能。与此同时，负责信息维护的计算机管理部门，也纳入到营销部门的管辖范围内。信息部门为营销信息入录、查询客户信息，并为营销人员提供第一手的市场资讯。通过"协调"，这家商业银行营销管理流程更加顺畅，执行效率更高，营销也更加有了目的性和针对性。

第三个力是"考核力"。前面我们讲过，考核不完善是公私联动营销开展不顺畅的重要原因之一。很显然，这家商业银行意识到"考核"的重要性，于是制订了科学的考核制度和考核方案，通过考核确保劳动绩效和责任纪律。另外，考核方案还明确规定了奖金分配。有员工感慨："多劳多得才能够激发大家的干劲儿，我们银行的奖金分配恰恰能够体现这一点。"借助科学考核，这家商业银行充分调动了员工的工作积极性，促进了公私联动业务的深入开展。

第四个力是"带头力"。所谓"带头力"，就是领导亲自带头做营销。有时候，人们会老生常谈：老板做决策，员工去执行。还有人说：老板没有三头六臂，要学会授权。但是需要反问一句：除了做决策、布置任务、授权管理，难道老板就不能亲自领兵打仗吗？有一句谚语：榜样的力量是无穷的！领导带头，不仅为员工树立榜样，而且还能够树立权威、让员工信服。对私方面，干部带领员工去"扫楼""摆摊"；对公方面，干部带领员工一起走访客户，维护"客情关系"。通过这种"带头"，这家商业银行内刮起一阵"工作风"和"竞赛风"。

通过"四个力"加强公私联动营销工作，这家商业银行顺利实现2017年首季开门红。

公私联动的方式还有很多，有条线联动、岗位联动、机构联动、渠道联动等。只要能够"联动"的地方，都可以进行整合、优化。联动整合的目的，是为了推动综合营销。如今，客户对"综合服务"和"综合产品"有更高的追求，满足客户要求，推动客户需求，维护客户管理，拓展客户市场也就成了商业银行的致力课题。有一些商业银行在推动公私联动活动中开展"一句话"营销，也取得了不错的效果。什么是"一句话"营销呢？比如：某商业银行对公业务，客户经理可以向某企业高管、员工进行"一句话"个人产品推销；或者某对私业务，客户经理可以向个人大客户进行"一句话"企业产品推销。虽然只是"一句话"，但是"这句话"就有可能挖掘出客户身后的另外一层需求。因此有人说："人们的需求是无限的，善于观察，借助语言去引导，就能够发现人们的其他需求。"

需求就是市场！深挖客户需求，为客户提供体验平台、服务平台、产品平台，不就是商业银行的经营目标吗？公私联动营销，恰恰可以满足银行和客户的双需求，从而实现银行和客户的双利益。

七、"以私促公"的公私联动营销

公私联动营销，许多商业银行采取的是"以公带私"的营销方式。营销企业客户、深挖个人客户似乎是"顺水推舟"，营销工作也更加容易开展。举个例子：南方某商业银行营销某化工企业，不仅为企业送去了服务，而且还给公司员工提供了"一站式"个人服务，比如开通信用卡、办理手机银行、银行理财、住房贷款等。与此同时，这家银行还成立了微信客户群，银行客户经理通过微信进一步服务客户，为客户普及金融知识。这种"以公带私"的营销方式普遍被商业银行认可、使用，并且形成了一种理念。除了"以公带私"营销外，"以私促公"的营销效果也是显著的。

南方某商业银行有一个个人客户经理小王，他曾经读过著名演说家安东尼·罗宾的著作——《唤醒心中的巨人》，书中有这么一段话："你我都可成为一座桥，借着善意和关怀，可以帮助无家者走出现实而可悲的世界，重新加入社会，承担起应尽的责任。事情越觉得迫切就越会有行动，如果你能和无家者建立友谊，提供他们新的心范，就能帮助他们建构出新的信念和新的自我认定，你可知这会造成何等影响吗？别忘了，小小的努力就能造成大大的改变。"小王把这句话当成自己的"座右铭"，然后激励自己。

他解释："客户不是'无家可归'的人，但却是需要帮助的人。与之建立桥梁，取得他们的信任，服务于他们……不就是一种价值体现吗？"为了体现这种行动价值，小王在公私联动活动中，把个人客户当成深挖对象。其中有个客户让他印象深刻，这个客户是某企业的高管，负责企业内项目建设和升级，属于实权派人物。因为有过一年多的服务，小王与他建立了良好的私交关系。为了深挖这名客户身后的价值，小王多次邀请这名客户参加银行举办的沙龙，还定期为其申请礼品等。

俗话说，礼轻情意重。小王的做法感动了客户。有一次，这位客户无意中向小王透露：公司新项目年底投产，新项目企业将独立运营，财务、采购、营销、生产完全是独立的。听到这个消息，小王非常兴奋。他心想：新公司投产，必然需要合作一家新银行。如果能够为银行敲定这条企业大鱼，就能唤醒自己"心中的巨人"。

后来小王得知这个客户有可能出任新项目企业老总的时候，便启动了"以私促公"行动计划。他与该客户互动更加紧密，甚至有时自掏腰包请该客户吃饭。客户明白小王的心意，痛快答应小王："如果公司正式运营，我的企业就与你们银行合作！我们合作这么多年，我信任你，也信任你的银行。"

三个月之后，这个投资7个亿、拥有450名员工的新企业正式运行。小王与银行行长一起出席了新企业的剪彩仪式，并顺利与新企业签订了合作协议。小王通过私人业务为银行挖出一座"金矿"，这座"金矿"能够为银行带来持续、稳定的高收益。

故事中的小王，通过现有客户挖掘客户身后的价值，从而实现价值最大化。也有人把这种价值开发当作是一种成长方式。但是社会上总有人唱反调、打击他人的积极性，有一个言论是："目的性太强，会让人作呕！"话又说回来，没有目的的营销，只能是浪费时间。"以私促公"业务，不仅需要客户经理有明确的目标，而且还要有诚心和耐心。所谓诚心，就是真诚的、真挚的心。俗话说，诚心成就永远。用营销经理的诚信换取客户的诚信，是一个有趣的"化学"反应过程。所谓"耐心"，就是不要急于求成，要按照规律办事。借助诚心、耐心，客户经理往往能够换来好的结果。为客户提供高质量的服务，同样也是公私联动营销的基础。

事实上，以私促公的营销方式更容易深挖客户的潜在价值。有一名业内人士讲："以私促公是一种以小博大的方式，它需要实施者付出更多的智慧和精力。"互联网时代，"个人价值"也有两个方面的内涵：一方面是个人创造最大价值，另一方面是个人体现最大价值。两个"价值"，存在一种转换关系。通过个人客户，成功挖掘的其他个人客户或企业客户，就是一种"价值"转换。在企业管理中，我们还可以用"能效"二字来形容。这种"以小博大"的营销方式不仅可以降低营销开支，而且能够提高客户资源的利用率，减少客户资源浪费。

不管是"以私促公"，还是"以公促私"，跨条线营销都是一种顺应时代发展的营销策略。如今越来越多的商业银行通过创造触点、联动引流、输送服务，建立、健全"全营销"体系。事实上，做大、做全、做深营销，恰恰是商业银行未来转型的重要方式。

第二章

公私联动需要解决的核心问题

一、浅谈商业银行对公私联动的认识误区

如今，商业银行早已经意识到营销的重要性，从而建立营销体系，健全营销制度，制定营销流程，完善营销部门职能。尤其在新常态下，商业银行通过精细管理与联动营销，取得了不错的转型效果。但是还有一些商业银行对"联动营销"的理解不够透彻，或执行存在问题。举个例子：有些银行网点看到上级行下发开展"公私联动"活动的通知后，便组织人马进去社区、园区、商区做促销活动……活动举办几天，见效果不明显便早早收摊了。还有一些商业银行，部门与部门之间缺乏沟通，难以统一协调做好这件事。

有一家农商行，正在组织"公私联动"营销。刚开始，行长、副行长抱着必胜的信念，给人一副激情满溢的样子。员工呢？也希望取得点成绩给领导看，向领导证明：我们也不是混吃混喝的！企业客户经理每天带着私人客户经理跑各个企业，私人客户经理也是想尽一切办法为企业客户经理拉拢关系。

随着时间延长，公私联动营销效果不佳。月底总结，行长对各级领导、员工进行了一番批评，并下发红头文件督促业务进展。会议结束后，员工们都带着怨气。有员工抱怨道："老板都没有办法，拿我们出气算什么本事？有本事他亲自去跑啊？"员工抱怨行长，行长坐在办公室里抱怨员工："悟性太差，专注度也不到位，如何才能做好工作？"久而久之，农商行的氛围发生了变化。员工与领导之间有了矛盾，部门与部门之间也有了隔阂。按照一位老员工的说话："人心散了，队伍不好带了。"事实上，只注重外部营销的"面子"，而没有顾及内部联动的"里子"，致使联动营销受挫，最后只能草草收场。

许多商业银行或多或少都存在一些认识上、执行上、管理上的问题，重点来讲有以下四点。

1. 认识不足

有一些基层网点的大龄管理者因为学历低、对新事物的认识不足等，对"公私联动"的解读也存在不到位的地方。曾经有一个基层网点领导说："公私联动就是交叉营销，跑企业的可以跑个人，跑个人的也可以跑企业。"落实到具体管理，这些领导也是这样安排工作。正因如此，闹出了不少笑话。跑企业的业务员暗讽跑个人的业务员："除了抢业务、出风头，难道还能做出其他成绩来？"管理者认识不足，员工也会错误执行方针。举个例子：有些客户三番五次遭到多个业务员的"照顾"，不免产生反感；还有一些业务员直接找客户诉苦：某某人品差，不要便宜了他。到头来，不仅没有实现公私联动，还落下一个执行不力、口碑不好的名声。

2. 敷衍了事

与认识不足的是，"敷衍了事"也是当下商业银行存在的一个管理执行问题。个别银行管理者自我否定公私联动，有人认为："公私联动就是一种形式而已，没有必要太当真！"就像下级下发"5S现场管理检查通知"那样，上级第二天来检查，就提前一天打扫卫生、美化一下环境……上级检查完毕，立刻恢复原状。有些高层领导甚至苦笑："简直是掩耳盗铃的行为嘛！"事实上，大多数商业银行存在的问题就是把公私联动营销当成一个"过场"，敷衍一下、应酬一下而已。

3. 缺乏目标

通常来讲，商业银行都有营销总目标、季度目标、月目标、单项目标……但是组织公私联动营销时，却没有公私联动营销的目标。俗话说，没有目标的帆船容易迷失方向。许多员工知道"公私联动"是怎么一回事，却不知道需要完成到怎样的程度。除此以外，管理进程失控也是一种缺乏目标导向的具体表现。遇到问题，员工想到的第一个问题不是寻求帮助，而是推卸责任。没有具体的目标考核，没有行之有效的中控手段，让公私联动营销活动变成了黑瞎子掰棒子，走到哪里算哪里，丢到哪里算哪里！

4. 管理失位

公私联动做不好，关键还是管理失位。管理失位主要体现在三个方面。第一个方面，缺乏相关制度和执行监督。虽然商业银行各岗位都有管理制度，但是通常却没有公私联动营销活动的管理制度。有些管理者认为："制度不制度，完全靠自觉！"事实上，没有制度和监督，大多数人都无法持久、高效去做一件事情。第二个方面，客情关系维护不足。简单举个例子：企业内的个人客户资源，原本需要公司条线和个金条线携手出击。事实上，他们还是各自维护各自客户资源，并没有形成叠加效应。第三个方面，缺少绩效方案。有些商业银行的绩效方案已经过时，根本不适用当前的营销活动；还有一些商业银行有方案却不执行。到最后，员工得不到相应的激励，工作缺乏积极性，就会影响公私联动的开展效果。

想要解决这些问题，商业银行的管理者必须提升自身素养，加强对公私联动的认识，加强公私联动专项管理，出台健全相关制度和考核方案。只有这样，才能顺利开展公私联动营销活动。

二、公私联动的"流程管理"

有人说，现代化管理不依赖人，而是依赖流程。按照流程办事，可以大大提高劳动效率。如今，许多商业银行也有自己的营销管理流程，那么营销管理流程都有哪些意义呢？其一，管理流程类似一个"通道"，在"通道"内完成所有的工作，能够让工作变得更加纯粹。其二，管理流程可以将营销目标清晰化、阶段化，营销目标更容易被执行人消化吸收。其三，管理流程可以提高营销的成功率。其四，管理流程便于员工"检查作业"，了解工作进度。其五，管理流程便于经验交流与分享，更加便于团队合作。商业银行针对公私联动营销设计管理流程，也就显得十分有意义了。

通常来讲，制定公私联动管理流程与制定常规营销管理流程有相似之处，需要银行管理者按照步骤做好以下工作。

1. 寻找客户

俗话说，工欲善其事，必先利其器。只有做好充分的准备工作，才能进行下一步工作。想要做好公私联动，首先就要寻找客户。寻找目标客户的方式方法很多，针对公私联动营销活动的客户寻找方法有八种。

（1）资料查询：通过银行内部客户资料进行查询，直接对银行固定客户进行维护和二次开发。

（2）活动寻找：借助公私联动活动以及其他营销、拓展活动，寻找潜在客户。

（3）顺便拜访：商业银行对公营销过程中，客户经理可以顺便拜访企业内的干部、员工，并将其发展为潜在客户对象。

（4）关系介绍：许多银行客户业务都是被"介绍"来的，比如A得到了良好的服务，然后转介绍B来银行办理业务。

（5）会议寻找：如今许多商业银行的管理者、从业人员也会参加各种会议、培训，在这个过程中也会遇到潜在客户。

（6）沙龙培养：商业银行会定期举办沙龙活动，并邀请相关客户来银行参加银行沙龙，因此沙龙活动也是发现目标客户的好地方。

（7）陌生拜访：这种拜访客户的模式被许多人"妖魔化"，但是陌生拜访却是获取客户资源最简单、直接的方式。

（8）业务拓展：很多人会通过业务拓展机会发展自己的人脉，借助这种人脉关系深挖客户资源。

找到客户，商业银行营销人员还要发掘客户寻求，编制客户需求说明书，为客户提供科学周到的服务和有针对性的产品组合。

2. 制订方案

营销方案就是一种营销计划，商业银行制订公私联动营销方案的目的就是为了转化客户需求。通常来讲，营销方案分为三个部分。

（1）分析活动：公私联动活动是部门与部门联合、条线与条线联合的交叉营销方式。在活动开展之前，商业银行管理者及活动参与者要对活动项目市场进行分析，比如该银行的市场占有量、辖区内的潜在客户数量、辖区内的市场开发空间等。

（2）优劣分析：俗话说，扬长避短才能发挥优势。商业银行管理者要对银行的优势项目和劣势项目进行逐一分析，找到银行的优势和劣势。想方设法提高优势、弥补劣势，才能找到最佳活动方式和资源整合。

（3）落实方案：前面两项工作都是为了落实方案而准备的。比如商业银行对公客户制订的方案要兼顾公司内的个人业务，对私客户制订的方案也要兼顾其对公业务。

公私联动营销方案是行动指南，更是营销活动的剧本。

3. 营销推介

所谓营销推介，就是进行营销实践活动。营销推介过程，通常有五个步骤：客户邀约、需求分析、产品推介、沟通交涉、达成共识。对于商业银行而言，还要坚持三个"重点"：重点区域、重点行业、重点客户。重点区域，要对银行所在辖区进行扫描、分类，对区域进行划分，哪些是重点区域，哪些是待开发区域等。重点行业，主要针对银行辖区内的企业客户、重要商户进行划分，还可以对这些企业、商户进行标星。重点客户，有重要的企业客户和个人大客户。公私联动营销，需要商业银行将这些重要客户进行统一分配、管理。在营销推介过程中，商业银行还要重视客户关系维护工作。就像马云所言："客户第一，员工第二，股东第三。"

4. 售后维护

有人说，售后工作与售前工作同等重要。有些商业银行不重视售后服务，最后造成服务脱节，客源流失。因此，商业银行管理者要制订针对公私联动营销的专项"售后服务方案"，定期回访客户，建立客户诉求平台。客户的体验感得到提升，才会对商业银行产生信任。

战略专家姜汝祥说过一句话："让流程说话，流程是将说转化为做的唯一出路。"借助流程进行公私联动营销，才能确保公私联动的执行力。

三、公私联动的"保障机制"

想要让一个项目正常运转，就需要有一个"保障"。保障就是一种支持、支撑。对于商业银行而言，推行公私联动需要三种保障：人员保障、产品保障、机制保障。

首先，介绍一下人员保障。

什么是人员保障？就是银行人员具备相关工作的胜任能力。胜任能力有多个方面的表现因素，具体有如下几种。

（1）知识技能：银行客户经理必须掌握一定的银行专业知识和营销技巧。如果没有相关的知识技能，就无法保证营销工作的质量。

（2）学习能力：互联网时代需要员工不断学习，才能跟得上时代的步伐。通过不断学习提高自己的本领，才能保持自身竞争力。

（3）自我管理能力：自我管理是一种自我掌控、自我约束。商业银行是一个特殊的金融企业，在这样的企业里上班，需要超强的自我管理能力。

（4）责任意识：有人说，责任心是最可靠的保障。责任心是一种隐性的"制度"，或者说有责任意识的人才能不辱使命。

（5）协作能力：这一种能力对于开展公私联动营销是非常有意义的。如果没有协作能力与团结互助的精神，也就无法开展这项工作。

（6）服务意识：想必服务意识是营销人员最重要的一项指标能力。换句话说，营销就是一种服务。公私联动营销也要借助"服务"开展各种工作。

根据以上六个因素，许多企业或商业银行还建立了"素质胜任模型"，通过完善选人、用人机制，确保公私联动活动的顺利开展。

其次，介绍一下产品保障。

俗话说，产品质量决定营销质量。如果产品质量有问题，就会影响到客户的使用状况，有损企业的口碑。银行产品虽然没有保质期，但却可以影响"银行—客户"之间的关系。那么如何才能提高产品、服务的质量呢？应该坚持三项工作。

1. 挖掘需求

没有最好的产品，只有最适合的产品。想要研发一款符合客户价值的产品，首先要挖掘客户的相关需求。举个例子：某对公客户有融资和代发工资的需求，个人客户有存款、理财、房贷的需求。挖掘出客户的需求，才能够确定产品研发的方向。

2. 论证方案

产品论证阶段也是产品的设计环节。在这个环节，银行管理者以及产品设计师需要从客户需求出发，反复论证产品方案。通常来讲，要设计出多个方案进行对比论证，然后再借助模拟工具进行测试。

3. 测试体验

许多企业或商业银行推出一个产品之前，都有产品"内测"。所谓"内测"，就是模拟选择客户，让客户进行实际体验，并撰写体验报告，形成产品测评数据。我们也可以把这种"内测"看成一种体验反馈。"内测"结束之后，就进入了"公测"阶段。所谓"公测"，就是正式上线。

通过以上三项工作，商业银行就可以推出与公私联动相关、符合客户需求的产品和服务。

再次，介绍一下机制保障。

机制保障，就是借助一定的机制、制度、策略，确保项目活动的顺利开展。对于商业银行而言，确保公私联动活动开展，需要健全三种机制。

1. 培训机制

曾经有人问："如何才能买到好产品？"答案有两个：一是要有好员工；二是要有好产品。当下各大银行的产品大同小异，营销质量还是要看员工能力。如何才能快速提高员工能力呢？培训！培训是一种"短平快"的方式，可以在短时间内提升员工能力，让员工符合工作要求。因此，建立健全培训体制十分有必要。

2. 研发机制

事实上，许多企业、银行都没有自己的产品、服务研发部门。举个例子：某商业银行完全跟着上级行走，上级行制定怎么的产品和服务，下级行就邯郸学步、模仿执行。有人问：银行网点也需要做研发吗？答案是：yes！为什么这么说呢？开展公私联动营销、外拓营销，都是进行差异化营销策略。差异化营销的表现在于差异化的产品和服务。根据客户要求，研发产品组合和服务组合，才能够满足客户需求。

3. 激励机制

激励是老生畅谈的话题！如何激励？如何做到有效激励？如何使激励作用持久？这些问题，每一个都是难题。有些商业银行经过多年总结和探索，在平衡绩效的前提下，引入"平衡打分"机制，结合客户满意度、营销成本、服务质量等对员工工作质量进行打分。按照"分数"进行正面奖励和负面奖励。

　　健全以上三种机制，就可以确保商业银行各种营销活动的顺利进行。

　　保障是一种机制，也是一种控制手段。就像一个哲人所言："有了法律，罪恶便销声匿迹了。"商业银行为公私联动出台保障机制，与社会出台法律法规的意义是相同的。

四、公私联动的"营销平台"

公私联动还有一项重要工作，就是整合条线资源和营销渠道，打造一个营销平台。有一个银行行长说过一句话："营销平台是一个'窗口'，通过这个'窗口'，银行才能把产品和服务卖给自己的客户。"对于商业银行而言，每一个银行都有自己的平台。对公条线有对公营销平台，个金条线有对私营销平台。但是这些平台是独立存在的，像是两套完全不兼容的系统。开展公私联动营销，还需要打造一个"合二为一"或者"合众为一"的营销平台。

首先，打造公私联动营销平台，需要"整合力"。"整合力"由七种"力"组成。

（1）产品竞争力：一个企业或银行，都要有自己的拳头或特色产品。有这样的拳头产品，才有足够强大的市场竞争力。强大的产品或产品组合，是渠道、资源整合的基础。

（2）服务竞争力：产品与服务是一对孪生姐妹，好产品需要优质服务去支撑。有竞争力的服务，是商业银行"开疆破土"的重要武器。

（3）产品捆绑力：有些商业银行只有产品，没有产品组合，这会让客户感到十分无奈。因此，商业银行要有一种产品整合、产品捆绑的力量，形成N种可以互补的产品组合供客户进行选择。

（4）部门联动力：公私联动的特点就是"联动"。我们把"联动"二字拆解开，就是"联"与"动"。所谓"联"就是联系、联络；所谓"动"，就是走动、互动。有一种彼此联系、彼此互动的力量，才能形成有效联动。

（5）广告宣传力：有一句话讲，闭着眼睛做不好生意。想要做好生意，就需要宣传。我们发现，一些成功的企业或银行，总能把广告宣传放在很重要的位置上。宣传力度越大，社会反响也会越强烈。

（6）品牌增长力：有人说，口碑与品牌是一种"软营销"。还有人说，品牌就是一种影响力，大多数客户都会选择名优品牌。一个银行想要做大、做强营销，需要打造银行品牌，比如产品品牌、服务品牌等。

（7）营销执行力：为什么把"执行力"放在后面？良好的执行力才能推动前面六种"力"的大融合。没有执行力，也就无法建成公私联动营销平台。营销执行力，是一种核心推动力。

七种力量整合在一起，就是"整合力"！整合力是打造公私联动平台的基础，也是打造竞争银行的重要力量。

其次，打造公私联动营销平台还需要坚持科学的设计原则，按照科学设计六步骤进行。

（1）搭建平台：联动平台是一个有目标、有计划、有行动的组织，有管理者，也有执行人。换句话说，这个平台是有生命力的，有自己的使命。搭建公私联动平台，需要明确平台的管理目标、营销计划、岗位职责等，有了明确的分工，才能形成一个功效齐全的平台。

（2）组织培训：平台搭建完毕之后，要针对平台的具体任务进行组织培训。如今许多商业银行都有针对公私联动营销的专项培训，比如如何联动，如何发展客户、如何挖掘客户潜能等。培训的目的，就是提高员工的综合营销能力，适应平台角色。

（3）薪酬管理：制定与公私联动相关的薪酬体系，而不应该继续沿用之前的薪酬体系。虽然重新研究、制定薪酬系统是非常耗时耗力的，但是却能起到更好的管理效果。换句话说，薪酬是体现员工价值的工具，薪酬体系设计合理，才能激发员工的工作积极性和执行效力。

（4）平台考核：平台考核是非常重要的管理工具，没有考核，也就无法衡量公私联动营销的质量和员工的贡献值。考核二字，既要"考"，又要"核"。考，就是考验、考评；核，就是核算、核实。建立平台考核体系，是完善平台管理的另一项重要工作。

（5）打造文化：有人认为，企业文化是企业的灵魂。每一个商业银行，都有自己的文化。借助强大的文化力量，商业银行可以提高商业知名度和品牌价值，对公私联动营销带来极大的促进作用。商业银行管理者应该发挥文化的力量，将文化引入到公私联动平台的建设上来。

（6）竞争机制：有些商业银行引入"竞争机制"后，彻底激活了员工的工作积极性，形成一种"鲶鱼效应"。公私联动平台虽然是一个"协作"平台，但也需要一种危机环境和竞争环境。还有一些商业银行引入"竞赛"游戏，反而取得不错的营销效果。

通过以上六个步骤，商业银行管理者就能够成功打造出较为完善的公私联动平台。

公私联动平台是一个渠道整合的平台，还是一个客户资源与产品体系整合的平台。借助平台，我们才能更好地从事公私联动工作，解决公私"联而不动"的难题。

五、公私联动的"利益分配"

说起"利益分配"四个字，我们可以联想到许多方面。银行与客户之间存在"利益分配"关系，银行与员工之间存在"利益分配"关系。事实上，营销的本质也是"利益分配"，公私联动的核心也是如此。银行把产品整合打包卖给客户，从中获取利润；客户通过银行产品获利，并满足自身需求。另外一个层面，员工营销客户为银行带来利润；银行获得利润之后，会嘉奖优秀员工，让员工从中"分红"。有一个企业家认为："营销就是创造、创造、再创造，分配、分配、再分配！"商业银行的管理者如何才能在营销联动过程中体现"利益分配"呢？

首先，商业银行管理者应该正视新常态下金融环境的变化对商业银行的冲击。当下金融市场，商业银行面临三大管理压力。

1. 利率变化

前不久，人民银行再次降息，商业银行营销压力进一步加剧。首先，许多企业大客户要求商业银行降低贷款利率；另一方面，存款客户要求商业银行存款利率进行上浮……一升一降之间，商业银行的利润空间被进一步压缩。为了留住客户，商业银行在营销服务、产品设计、渠道融合、搭建平台等方面，更要下足功夫。

2. 脱媒趋势

互联网时代下的商业银行，似乎完全换了一种活法。有人说："十年前的银行是大爷，十年后的银行是孙子！"这句话虽然有失偏颇，但是商业银行已经奔跑在脱媒道路上了。什么是"金融脱媒"？简言之，就是没有中间环节的金融交易。金融脱媒让传统银行压力倍增，但是却让民间金融机构有了发展"市场"。如今，许多企业、个人为了寻求更为直接、简单的融资、理财方式，甘愿冒着风险也会选择与民间金融机构合作。因此，商业银行的管理者应该从"金融脱媒"角度出发，重新整合优势资源，发挥职能和信用优势，做全营销服务工作。

3. 风险上升

面对不可控的金融风险，许多商业银行选择一种"关门"的方式。所谓"关门"，就是提升业务办理门槛，尤其是企业贷款等方面，加强了对客户的审核力度。只有严格符合银行条件的企业、个人，才具备相关业务的办理资格。"严审"意味着工作效率下降，办理流程环节增加……商业银行管理者必须找到一种"两全其美"的方式，既能管控风险，又能进一步提高服务效率。

其次，商业银行管理者要正视商业银行"利益分配"问题，分配问题解决不好，将影响商业银行的未来发展。

1. 对外分配

对外分配，是商业银行针对客户的利润分配方式。常见的分配方式有两种：产品增值分配和服务增值分配。

增值产品是商业银行获利的重点，把增值产品卖给客户，商业银行就能从中获利。如今，商业银行似乎都有这类产品。但是，有了好产品，还需要高质量的服务和平台进行运作。公私联动是一种工具，也是一种服务推介平台，承担增值产品的营销任务。商业银行完全可以以"公私联动"活动为契机，创造与客户见面的机会，将增值产品卖给客户。

增值服务同样也是商业银行获利的重心。某商业银行行长认为："如何把普通服务变成增值服务呢？要做好两件事。第一件事，让客户喜欢你，喜欢你提供的服务；第二件事，将服务变成客户体验的一部分。"事实上，营销的灵魂就是服务。通过公私联动将服务理念传递给客户，让客户感受服务的同时享受产品带来获利。

增值产品与增值服务是孪生关系，商业银行管理者要两手抓、两手都要硬。增值产品与增值服务，同样是商业银行对客户进行"利润分配"的重要方式。

2. 对内分配

有人说过一句话："企业老板对客户很大方，对自己的员工却非常小气。"事实上，如果做不好"利益分配"，员工将会失去工作积极性……甚至，许多员工会选择离职。公私联动的"利益分配"，主要是客户资源分配和奖金分配。

客户资源分配是营销管理的核心。许多商业银行采取客户资源共享的方式进行客户资源分配。这种分配方式既民主，又能调动员工的营销热情。还有一种分配方式是"按需分配"，根据商业银行辖区范围、员工的营销能力等，进行合理分配。这种分配方式可以有效降低"抢单率"，从而营造和谐的营销氛围。

奖金分配更是营销管理的重中之重！商业银行管理者要根据"联动机制"制订科学的奖金分配方案，员工为银行创造利润，也要成为利润的拥有者和使用者。借助奖金制度激励员工，才能让员工产生营销激情。

　　建立合理的利益分配机制是非常重要的。如今，许多商业银行通过制定"利益分配"机制建立了利益分配方案，既让客户得到利益，又能让员工得到利益。只有利益分配趋于平衡，才能提高商业银行的管理质量和公私联动营销活动的开展质量。

六、公私联动的"理念传导"

有人还把公私联动看成是一种"联动"理念。商业银行想要做好公私联动营销工作，需要进行相关理念的传导。

南方有一家商业银行，特别重视理念的传导工作。这家银行的行长认为："理念就是一双鞋，我们穿上这双鞋，才能正常走路。"为了让"理念"落地，这家商业银行采取了四步走战略。

第一步，日常宣传。这家银行通过内刊、宣传栏、银行微信平台等，进行相关理念的宣传，有营销理念、风控理念、服务理念、产品理念、品牌理念等。针对"公私联动"营销，也有"联动"理念。通过日产宣传，对员工进行耳濡目染式的影响。

第二步，会议宣传。这家银行每天都会组织召开晨会，银行行长借晨会之际向员工传导、灌输相关理念。通过日复一日的传导与灌输，这些理念便在员工身上发光发热。

第三步，培训宣传。举个例子：该银行针对"公私联动"营销进行了为期一周的专项培训。培训过程中，就有公私联动营销理念的介绍与传导。通过培训上课，员工较为系统地学习了公私联动，并能够领悟公私联动的实际意义。

第四步，辅导宣传。工作过程中，有经验的资深老员工充当"辅导员"，为年轻员工进行辅导与帮助。辅导过程中，他们将相关工作理念传导、灌输给年轻员工，形成一种"传帮带"式的文化。

通过这种方式，这家银行充分将理念落地，形成了良好的工作氛围。2016年，这家银行也被评为省十佳银行。

理念到底是什么样子的呢？有人说，理念是一种思想，看不见摸不着。还有人说，理念是一种辅助管理手段。事实上，理念不仅是一种思想，更是一条可以贯穿银行发展的一种隐性的血脉。没有理念，也就没有指导思想和经营方针。公私联动的"理念"又是什么样的呢？公私联动营销，是一种联动式、交叉式、整合式营销，本身就有三大理念。

1. 服务理念

我们常常看到银行服务大厅有这么八个字：真心待人、诚信服务。有时候还会看到这么一句话：顾客满意是银行最大的心愿。可以说，服务理念是商业银行的核心理念。著名心理学家杜威认为："劳动受人推崇。为社会服务是很受人赞赏的道德理想。"由此看来，服务是一种高尚的行为，服务理念是一种高尚的思想理念。拥有服务理念的人，能够将服务与工作区分出来。服务理念可以让一名银行员工变成一名"服务员"，而不是冷冰冰的"销售员"。实践证明，服务理念是一种核心竞争力。借助服务，商业银行可以留住顾客，提升公私联动活动的开展质量。

2. 团队理念

公私联动是一种"联动"，是条线、部门的联合行动。或者说，公私联动是一种集体行动，商业银行所有员工都需要具备联动意识和团队作战精神。也就是说，树立团队理念，才能做好联动工作。团队理念有三个核心：大局意识、协作精神、奉献精神。所谓大局意识，就是能够顾全大局，为了团队，牺牲小我；所谓协作精神，就是彼此团结互助，把团队看成自己的家，把其他员工看成自己的亲人；所谓奉献精神，就是能够为团队付出，奉献出自己最宝贵的力量。具有团队精神的银行，才是一家有凝聚力的银行。具有团队精神的组织，才能够玩转"公私联动"营销。

3. 诚信理念

古人言，无信则不立。如果不讲诚信，也就谈不成生意。商业银行是诚信背书企业。也就是说，诚信是商业银行的灵魂，是商业银行发展之根本。2015年，习近平总书记曾在亚非领导人会议上再次强调"诚信"，并引用"人而无信不知其可也"这句话表达"诚信"的重要意义。《左传》中，把"诚信"定性为"国之宝"！商业银行想要做好公私联动营销，需要把"诚信"的金字招牌再次搬出来。只有诚信为民、诚信营销、诚信服务，才能换来顾客的满意度。

除了以上三种理念，公私联动营销还包含"顾客至上"的理念、产品理念、整合理念等。商业银行的管理者只有将这些核心理念传导、落实到人，才能够做好公私联动工作。

第
三
章

公私联动的"互联网思维"

一、公私联动的"用户思维"

互联网带给人们便捷的服务和快速预览的各种信息，互联网改变了人们的生活，也改变了许多企业、银行的命运。有的银行抓住了互联网时代的特点，借助互联网思维创新管理，取得良好的成果；还有一些银行借助互联网平台进行网售……互联网给商业银行带来了前所未有的发展空间，也带给商业银行全新的互联网思维。互联网思维是一种全新的思维模式。在互联网时代大背景下，能够熟练运用互联网思维就能够从客户市场中攫取一桶金。互联网思维有六大特点：零距离、慧分享、趋透明、大数据、便操作、惠众生。互联网思维中的"用户思维"，就是站在客户的角度思考问题。这种换位思考的经营模式，能够给客户带来绝佳的体验，从而满足客户需求。

曾经有人问：商业银行是否需要用户思维呢？答案是：YES！商业银行不但需要用户思维，而且是"急需"。如今越来越多的银行重视客户，通过提升服务质量来抓住客户的胃口。举个例子：从事专业保险服务的平安保险公司，旗下的平安银行借助用户思维提升客户的体验，取得了非常好的成绩。为了向互联网一族提供便利服务，平安银行推出10多个APP产品，比如口袋银行、黄金银行、橙子银行、一卡通等既时髦又实用的APP产品。平安银行的用户可以通过APP享受到平安银行提供的"一站式服务"。这种互联网体验式服务不仅方便，而且体验感好，效率极高，为客户节省了大量时间。俗话说，帮助客户节省时间才是真正的服务。

公私联动是商业银行的一个"展示窗口"，借助用户思维提升客户体验就显得十分有意义。如何才能借助用户思维开展公私联动活动呢？

1. 细分客户市场

传统的商业银行营销，恐怕是走到哪里卖到哪里，有种"小货郎"的感觉。这种营销方式非常"盲目"，效果也不好。如今流行精准营销，就是对客户群进行重新定位，制定科学的营销策略。有一些客户反映：商业银行根本不了解客户的内心，如何才能推荐针对性强的产品呢？这个问题很尖锐，甚至很刺耳。一方面说明商业银行并没有用心了解、倾听客户的心声；另一方面说明银行并未对客户群进行细致划分、研究。重新定义营销，就要从客户群入手，聚焦客户的消费意识和需求动态。

2. 融合社交网络

有人说，营销的重点是沟通。公私联动营销需要"沟通"，没有沟通也就无法产生交易。举个例子：客户赶集买菜，菜农就会借助语言的方式向客户推荐自己的蔬菜，比如多少钱一斤、怎么做好吃、如何有营养等，借助沟通话术激发客户的购买欲望，让客户选择购买。互联网时代的营销，让这项工作变得更加纯粹。商业银行想要提升"沟通"的便利性，还需要与互联网进行结合，让"沟通"充分融合到社交网络里。惊喜的是，如今许多商业银行都在搭建"社交平台"与客户进行零距离沟通，通过沟通力转变客户思维，影响客户的决策。

3. 重新定义产品

传统的银行产品，更加类似于"半成品"。借助客户的刚性需求，"强行"将产品卖到客户手里。互联网时代，商业银行提供的产品，许多民间机构、互联网机构也能够提供。在这种对抗竞争中，商业银行已经毫无优势可言。因此，商业银行要加快银行产品的研发，给产品注入更多客户关注的元素。比如制定有个性的银行产品，或者量身打造DIY产品组合。互联网时代的银行产品，包装性、吸引性要更加出众，最好能够给客户带来耳目一新的感觉。另外，"免费"也是互联网时代的特点。商业银行应该推出"免费"产品，为客户"埋单"才是最高级的营销方式。

4. 传递品牌影响

商业银行同样是提供产品与服务的企业组织，打造企业品牌也是其重要使命。有一名企业家认为："品牌是多方面的，它需要有良好产品，优质的服务，开放的平台以及不离不弃的忠实客户。"互联网时代，品牌就是招牌，品牌越响，拥趸的客户也就越多。商业银行打造银行品牌，需要全方位提升银行的影响力。如何全面提升银行的品牌影响力呢？有三个做法。第一，加大广告宣传力度，让广告更加有趣，"药效"更加持久；第二，让营销（包括公私联动营销、外拓营销在内的各种营销方式）变成一种活动或者游戏，提高客户的参与度；第三，让客户攻关变成一种客服体验，提高攻关的互动属性。

用户思维是一种人性化思维，这种人性化思维能够让管理变得简单、让产品变得丰富、让客户变得更加重要。商业银行的同仁们，想要留住客户，就要把客户当成"宝贝"揣在身上。只有这样，才能提升商业银行的形象，树立商业银行的品牌！

二、公私联动的"大数据思维"

"大数据"是当今热度最高的词汇之一，许多版块都会提到"大数据"。"大数据"到底是什么呢？著名的数据科学家维克托·舍恩伯格认为："世界的本质是数据。"大数据是一种信息化资产，如果经过科学管理与运用，大数据可以帮助企业、银行实现精准营销、管理转型。舍恩伯格还认为，大数据时代可以带来四种思维，即：集约思维、模糊思维、智能思维、结果思维。

1. 集约思维

集约化并不是一个新鲜名词，但是集约思维却是互联网时代下诞生的思维。所谓集约，就是"集合"与"节约"的结合。它最大的特点，就是充分利用资源，并将资源进行整合、优化，通过管理，给客户提供更加精准的服务。

这里提到两个词：整合与优化。事实上，公私联动就是一种整合。这种整合与集约思维的概念有相对应的地方。只不过互联网时代，商业银行应该在"大数据"方面多做文章，挖掘大数据的价值，运用大数据实现公私联动营销。举个例子：某商业银行借助客户信息数据库，推出"一卡通"银行卡。这种"一卡通"银行卡非常有卖点，它既可以充当银行卡，还可以充当公交卡和医疗卡。"一卡通"为客户带来了方便，同时也体现了服务。

另外，集约思维还有"集思广益"的意思，它可以通过"云计算"不断计算、挖掘银行潜在的商业价值。比如帮助商业银行建设智能化平台，从而实现信息交换、渠道分发、量化考核、数据储存、数据管理等。

2. 模糊思维

舍恩伯格说过这样一句话："执迷于精确性是信息缺乏时代和模拟时代的产物。只有5%的数据是结构化且能适用于传统数据库的。如果不接受混乱，剩下95%的非结构化数据都无法利用，只有接受不精确性，我们才能打开一扇从未涉足的世界的窗户。"模糊的数据，但是可以借助"匹配度"实现相关数据的检索。这不仅大大提高了工作效率，而且也打破了小数据时代的精准化信息管理。

某商业银行行长认为："大数据给银行带来了新天地……至少大数据能够帮助银行做好三件事：风险防控、客户识别、产品营销。"但是也给人们留下另外一种疑惑：不再精确的数据能否提升管理效率和管理价值呢？举个例子：工商银行借助大数据实现了风险防控，比如交易反欺诈技术、信贷防控技术等。借助这种"模糊思维"，商业银行在宏观层面上会起到更好的管理效果，并彻底打开了管理视野。

3. 智能思维

有人把信息化的"大数据"看成一个超级大脑，这个大脑的运算速度可能是人类的成千上万倍。随着互联网时代的延伸以及相关技术的突破，人们完全可以借助"大数据"处理实现数据收集、资源分配、数据计算等任务。换句话说，"大数据"处理完全可以为公私联动营销插上一对智慧的翅膀，让公私联动营销更加高效、有力。

大数据能够帮助商业银行检索、寻找客户，并且对相关客户进行分类、分析。与大数据相对的"人脑"，却存在相当大的局限性。它不仅效率低下，存在一定的错误率，而且还会受情绪影响。大数据给出的数据结果是客观、理性的数据。在它的帮助下，公私联动营销将变成一种"智慧营销"。如今，许多商业银行有了自己的"智能机器人"。"智能机器人"不仅解放了劳动力，而且还提升了客户体验，给枯燥的营销与服务带来了一丝新鲜感。

4. 结果思维

人们总在谈论"因果"关系，甚至把营销看成一种"因果"。所谓"因"，就是为客户提供产品和服务；所谓"果"，就是服务和产品转化成的客户价值。因此，我们常常用"因果思维"来解释银行管理、营销的问题。也就是种下什么"因"，结出什么"果"。

互联网时代，这种"因果"似乎被彻底打破了。简单来讲，人们只需要知道答案，而不需要知道过程。结果思维，也被称为"结果导向思维"。大数据可以为商业银行直接指出一种方向与结果，不再需要商业银行反复问"为什么"。公私联动营销，是一种以"营销结果"为导向的营销。开展公私联动的目的，就是为了实现商业银行的建设发展，抑或实现"开门红"。结果思维，就是让商业银行同仁解决三个问题：结果是什么？如何控制结果？改善结果的方式是什么？如果我们找到答案，所有问题也就会迎刃而解了。

如今全球数据呈现"核聚变"式的爆炸增长……即使一块口香糖也会被检索出来。在这样一个世界，大数据可以帮助商业银行更好的洞察世界、理解世界，改善管理。有人说："互联网世界，数据就是价值。"如果我们利用"大数据思维"去做公私联动，想必也会给我们带来意想不到的好效果。

三、公私联动的"跨界思维"

互联网时代还有一个火遍大江南北的词：跨界。有句话，人人都是产品经理，人人都可以跨界。跨界似乎带着一种自然属性，也能够引发人们的兴趣。从跨界产品到跨界服务，从跨界理念到跨界人才……跨界，其实是一种融合，一种没有界限的思维方式。许多年前，人们还停留在"人为什么要赤条条的来，为什么还要赤条条的走？"如今，我们不再被这样的问题所困扰。或者说，互联网时代让我们的眼界更加开放，思维更加活跃。

公私联动也是一种"跨界"。对公经理可以从事个人业务的开发；对私经理可以深挖企业资源宝库。公私联动不是简单的联动、整合，而是一种合纵连横，你中有我、我中有你的营销方式。换句话说，公私联动是一种跨界营销。那么公私联动的"跨界思维"又是怎么一回事呢？

1. 跨界是一种系统与细节的连接

如果我们把整个商业银行看成是一个系统，这个系统是完整的、具备各种功能，比如管理、服务、调控、整合、研发、营销等。跨界思维就是让一个人或者一个团队能够享有系统内的所有权，让这些功能与自身无缝连接。公私联动并不是一种简单的"业务"整合，而是一种功能整合。通过公私联动，向客户展示商业银行系统的综合功能。客户感受到的"元素"越多，体验感受也就越丰富。

细节是什么呢？细节就是公私联动过程中与客户的每一个"触点"。有人说，跨界就像一群演技不精、歌唱一般、台风很俗的人玩的游戏。很显然，这种评价有失公允。跨界思维，是我们既要完善系统，又要追求细节。换句话说，只有细节得到重视，才能让系统功能得到放大。所以说，公私联动营销是一种跨界的、精细化营销。

2. 跨界是一种思维模式的转换

几年前，我们还在为营销犯愁。客户到底怎么了？是产品出错了？还是服务不到位？互联网时代来临，这种传统的、固化的思维模式彻底被打破了。我们不再聚焦在一个"点"上，而是会换一种思路、换一种活法。举个例子：某商业银行与智能供货商合作，为客户带来一种"神经元"体验设备，这种设备能够给客户带来全新的金融服务。回过头我们再仔细分析，一款简单的"跨界"设备不仅引发了客户的兴趣，而且同时带动了两个产业的发展。

公私联动营销，需要商业银行的从业者转化思维。这种转化，不是单纯的从公到私或者从私到公，而是寻找到"公"与"私"之间的关系，这种"关系"，就是市场价值规律。事实上，"公"与"私"之间的关系是一种处于不断运动的关系，而不是一种"固定关系"。打个比方："公"与"私"的关系更像是情人，而不是夫妻。这种微妙的关系，跟银行与客户之间的关系是相似的。21世纪，未必再有"忠诚"的客户，但是会有"情趣相投"的合作伙伴。

3. 跨界是一种搭建生态系统的方式

说起"营销"二字，我们总能联想到一个场景：营销员拿着一款产品向客户进行推销，而且用一种字正腔圆的经典营销话术进行推销……与此同时，客户表情严肃，或者显露出不耐烦的深情。当营销进入尾声，客户突然起身，然后向营销员深鞠一躬：对不起，我暂时对您的产品不感兴趣！

跨界，并不是从一个地方跳跃到另外一个地点，而是一种思维上的变通。这种变通，以重新搭建生态系统为目的。就像有句歌词：爱上一匹野马，可我的家里没有草原。"草原"，就是生态系统。"草原"，就是客户的需求。如果我们找到问题所在，就需要及时转变观念，行动起来，为客户搭建一个生态平台和服务窗口。

如今，"圈子经济"火了。人人都在经营自己的"圈子"。对于商业银行而言，"圈子"就是一种生态。有一个商业银行的行长认为："跨界的目的，就是为了营造一个功能齐全、服务灵活、产品更丰富的生态环境。"就像养鱼爱好者布置生态鱼缸，浴缸内的"生态环境"越好，鱼的生存质量也就越高。公私联动营销是一个机会、平台，它更加需要让商业银行的从业者转变思维，把它变成一个可以跨界的、多功能融合的生态圈。

另外，跨界思维还是一种共享思维。有一个银行的朋友，他特别喜欢跳广场舞。通过与广大老人、年轻人一起跳广场舞，共享快乐的同时，也为他带来了效益。跨界思维是一种共享思维，一种合作思维。只有我们敢于打破界限，敢于跨界，才能突破瓶颈，寻找到另外一条通道。

四、公私联动的"服务思维"

营销的核心是服务。没有服务内容的营销，难以建立起稳定的客户关系。互联网带给商业银行一个全新的世界，也给商业银行带来了压力空前的竞争环境。有人感慨："如果做不好服务，我们将会失去所有的客户。"

服务思维到底是什么呢？服务思维也是一种互联网思维。阿里巴巴董事会主席马云有个解释，他认为："未来十年，别思考如何卖东西，而是服务好客户。"如果把以产品为导向的"营销"看成一种"自我服务"，那么以客户为导向的"营销"就是服务客户。因此，商业银行进行公私联动营销，也应该采取以客户为导向的营销策略。

服务思维的核心是"服务"。自古历来，"服务"就是一件高大上的事情。雷锋有句名言："人的生命是有限的，可是为人民服务是无限的，我要把有限的生命，投入到无限的为人民服务之中去。"这句话曾经引发热议，有人认为，"服务"是一种装饰品，本质是为了装点自己、标签自己；有人认为，"服务"与时代脱节了，自己帮助自己才是最好的；有人认为，"服务"是一种稀缺的东西，当今世界缺少真正意义的"服务"。但是服务依旧是一种美德，服务是一种永远不过时的意识和行为。举个例子：某商业银行的宣传标语是"用心做服务、真诚到永远"。事实上，该商业银行始终坚持高质量、高标准的服务，通过服务提升客户体验和商品价值，并为此获益。

服务不是一句口号，而是一种有形的价值。有句话说，世界上最贵的产品是服务，服务本身就是一种价值。服务越好，客户越能够感受到"超值"体验；服务越差，客户越能够感受到不值。当人们走进VIP高档会所享受一杯80美金的天价咖啡，想必咖啡的价值不足1美金，剩余的79美金是服务的价值。如今，越来越多的商业银行能够把服务放在首位，坚持做"服务型"银行。

南方有一家商业银行，为了打造一站式银行，他们联动上线、下线，借助良好的服务提高银行形象，成为业内标杆。

这家银行的服务可以用"细致入微"来形容。2016年底，一位年轻妈妈带着两岁的孩子来银行办理业务。由于推着婴儿车极其不方便，当她刚刚走进大厅，就得到大堂工作人员的悉心服务。他们将婴儿车推到"儿童游乐区"，由另外一个年轻女员工精心照料。另外一名员工则帮助年轻妈妈领单、填表、排队。业务办理完毕之后，工作人员用极致的服务一路送年轻妈妈和她的孩子到停车场。年轻妈妈非常感动，她说："第一次感受到这样暖心的服务！我一定要向大家宣传，办理业务就来这家银行！"

这个故事并不是个例，而是天天都在发生。这家商业银行通过高质量的服务感动了许多客户。除此以外，这家银行还设有爱心窗口、爱心座椅、轮椅、老花镜、宠物箱、盲文键盘等为不同的客户提供不同的服务。因此，这家银行成为当地的"明星银行"，经营效益也名列前茅。

如何才能让服务展现应有的价值呢？服务思维并不仅是让人们做到"打不还手、骂不还口"，而是让客户知道"服务"的价值在哪里。举个例子：

有一个中年客户为了给海外的孩子汇款，费了许多周折。银行的客户经理非常认真，不厌其烦一点一点帮助他办理，并且为他理顺了办理流程，比如第一步怎样做、第二步怎样去做……整个业务结束后，这个中年客户非常开心。后来，他还将自己的存款理财业务转到了这家银行来做。服务的价值是什么？就是让客户感到自己得到了重视，得到了温暖的关怀。有时候，一个微笑、一句点赞的话，就可以提升整个服务的效果。

马云还说过一句话："眼睛盯上自己，自己门口的客户都没做好，就想做天下的生意，那是做不起来的。所以我觉得，小企业，不要先想着做强自己的品牌，而应该先想着做好自己的服务，做好门前的客户，做好自己的口碑。心里想着外面的客户，想着未来，这样脚踏实地的做，我觉得才会做下来。"事实上，这句话不仅针对创业者和小企业，也适用于当下的商业银行。

服务不仅为客户带来了良好的体验，同时也能够回归到营销的本质，体现产品的价值。星巴克的"成功经"是什么？就是服务！海底捞的"成功经"是什么？同样也是服务。服务不仅只有一句话，而是要给客户提供满意的解决方案；服务不仅只有一个微笑，而是要学会换位思考，从客户的"需求"出发。服务是一种智慧，一种商业银行与客户之间的"博弈"方式。甚至有人表示：最高级的服务是没有服务……至少在当下，社会还没有发展到那种程度。因此，商业银行还需借助服务思维解决营销客户的难题和困惑。

五、公私联动的"平台思维"

　　有一个温州老板，二十年前靠"皮革"生意发了家。互联网时代来临，温州有许多老板转型开始做电子商务，这个老板依旧坚持自己的生意。但是没过多久，这位老板的皮革生意开始下滑，订单锐减。此时有一个朋友劝他："老兄啊，你也该醒醒了，不行就转行吧！"但是这个老板不信邪，选择继续坚持。

　　为了打开市场销路，这位老板亲自跑市场，了解客户需求。后来，他认识了一位深圳当地很有名的女老板。这位女老板拿起一张挎包图纸，然后问温州老板："类似的这种款式，你能做吗？"为了拿下这个救命的订单，温州老板拍着胸脯答应："您给我一周时间，我保证能够做出比这个款式还要好的挎包！"

　　回去之后，温州老板便召集师傅们开会，连夜为深圳公司设计新款皮具。一周之后，温州老板给了深圳客户一个满意的答复。深圳客户立刻拍板，订做了五千个挎包。

当时，定制产业还属于空白……只有上海滩上有几家洋装定制。温州老板似乎找到了一条全新营销之路——定制。他一改往日铺货传统渠道的观念，而是选择与大型服装公司、时尚品牌等进行合作，为客户进行量身打造专属款式。这家公司有强大的设计团队，这种合作方式与传统的"代工"有明显的区别。几年后，那些做电商的皮革商面对严酷的竞争而淘汰过半，唯独这个温州老板越做越大。这位老板感慨："为客户提供最好的方案，与客户共享设计成果，才是我们成功走到今天的秘诀。"

这个故事虽然不是商业银行的案例，但是却能够给商业银行的建设与发展带来启示。平台思维是什么？说到"平台"，许多人都会联想到电商。通过构建电商平台实现网销，就是一种平台思维的体现。事实上，平台思维并非构建电商。平台思维是一种共享、共赢的理念。如今，各式各样的平台有很多，比如电商平台、融资平台、公益平台、创业平台……平台看似很多，但是玩得精彩的却没有几个。

有人说，平台是一个舞台，需要点燃关注度才有意义。公私联动营销也是一个平台，在这个平台上有各式各样的产品、服务、宣传工具、策略、客户。想要让这些"元素"进行有机互动，就需要一点"特色"。举个例子：2007年兴业银行搭建了一个"银银平台"，兴业银行借助"银银平台"与全国各地的中小商业银行进行联合，构筑了一套集财富管理、支付结算、融资服务、代理国际结算等八项事务的综合性平台。通过这个平台，兴业银行吸引了大量客户存款，并且将大量银行产品卖给平台合作客户，为银行创造了巨大利润。与兴业银行相似的是，民生银行则着力打造"小微贷平台"。通过这种商业模式，民生银行将"触角"深入小微企业蓝海，不仅创造了新客户群，而且还与小微企业形成了一种"共享互利"的新合作模式。如今，"小微贷平台"已经成为民生银行的金字招牌。

平台思维，不仅仅让我们为客户搭建一个平台，还需要我们为这个平台营造一种氛围。比如，商业银行打造公私联动平台时应该着重解决三个问题：第一，价值链过长、传导性不强的问题；第二，协同性差、沟通复杂的问题；第三，产品少、服务差的问题。如果商业银行能够解决这三个问题，就能把公私联动营销打造成一个特色营销平台。

平台思维，并非仅仅让我们为客户刻意搭建一个平台。有一位企业家说："当下社会，现有的平台已经足够多。我们需要节省空间和成本，利用现成的、成熟的平台去重新吸引客户。"如今，各家商业银行都有自己的平台，甚至有的商业银行有多个平台。举个例子：某商业银行开展综合性公私联动营销，完全借助银行现有的互联网平台、沙龙平台、服务咨询热线等开展业务。不仅可以充分利用资源，而且还能将现有平台资源进行有机整合。

平台思维，不仅仅让我们为客户搭建一个营销平台，还需要我们为这个平台寻找三个突破口：第一，找到构建平台生态的突破口，这个突破口可能与市场价值规律和客户消费特点有关；第二，找到平台营销的突破口，这个突破口可能是产品，也可能是服务，也可能是"产品+服务+体验"的组合；第三，找到打开客户需求的突破口，就需要深挖客户需求，帮助客户解决痛点，找到平台的优势，从而引爆营销热点。

平台思维是一种思考问题的方式，它并非只是一个"平台"。它需要商业银行的管理者更新自己的管理理念，为客户打造一个更加良好的服务和共享环境。只有这样，才能带动银行发展。

六、公私联动的"简约思维"

古人有一种智慧，叫"大道至简"。什么是"大道至简"呢？意思是说，大道理都是简单至极的。因此也就有了"真传一句话，假传万卷书"之说。比如功夫，世界上最厉害的功夫莫过于"一招致敌"；比如营销，最厉害的营销就是能够把产品卖给一个他不喜欢的人；比如管理，世界上最好的管理便是没有管理……互联网给了我们这种思维：简单的东西最有效。举个例子：史蒂夫·乔布斯之所以研究苹果手机，原因在于其他手机的操作系统太过复杂。为了简化操作，乔布斯和他的团队把IOS系统装进一个只有一个控制键的手机里。乔布斯的这个想法和举动，也彻底改变了世界。

从生理学角度解释，人是一种追求简单的动物。一个公司为客户提供的服务越简单、越纯粹越好；一个公司为客户提供的产品操作越简单越好。就像傻瓜相机的出现，从某种程度上迎合了大多数人对拍照的要求，操作复杂的单反相机仍旧属于小众"技术宅"的偏好。简单不仅是一种思维，更是一种营销方式。比如，某银行给客户提供了一套非常复杂的产品组合，这套组合甚至连客户经理都难以进行解释，如此一来，客户又如何接受这样的产品呢？

有一个科研机构做过一个实验：他们邀请500个人对两幅画作进行选择，喜欢哪一幅就对哪一幅进行投票。两幅画，一幅是色彩绚丽的抽象画，另一幅是线条简单的肖像画。经过最后统计，有77人选择色彩绚丽的抽象画，有423人选择线条简单的肖像画。从这个结果中不难看出，选择线条简单的人占据大多，选择色彩绚丽的人占据少数。有人解释："难以理解色彩绚丽的抽象画表达的意思……而这幅简单的肖像画却更容易理解。"也就是说，人们喜欢简单的事物与大脑处理事物信息的复杂程度有关。

如今，许多商业银行为了吸引客户、留住客户，开展各式各样的营销活动，比如有公私联动、外拓营销、沙龙营销、微信营销、促销活动等。从营销角度讲，多组织活动，多制造与客户见面、沟通的机会，可以有效提高交易成功率。但是对于商业银行的管理者和执行人而言，还要做好三件事。

1. 将服务变得纯粹

许多营销活动中的"服务"，是一种有目的的服务，甚至是一种带着功利色彩的服务。举个例子：某活动现场，营销人员对穿戴打扮高档、有意活动产品的客户提供无微不至贴心的服务，但是对其他参与活动的普通顾客，则采取另外一种态度。营销是有目标、有目的的，但是服务还是要简单纯粹、一视同仁。有一位企业家说：专注服务的企业才能够创造客户价值。事实上，专注服务的银行也能够创造客户价值。营销是营销，服务是服务，产品是产品。只要让服务变得简单、纯粹，给客户带来极致的感受与体验，才能提高公私联动开展质量。

2. 将需求变得直接

营销过程中，客户经理都会根据提前制定的话术引导客户说出自己的需求。不排除有些客户的潜在需求埋藏的非常深，难以用语言进行总结陈述。

在这种情况下，客户经理应该换一种话术，采取"选择"型的提问方式，给客户选择项，让客户进行选择。如果客户仍旧无法做出判断，就需要换位思考代替客户做决策。让客户的需求变得简单、直接，就像医生诊病让病人的疾病清晰、明了，更容易对症下药那样。找准客户需求，切准客户的痛点，才能够为客户制定个性化、差异化的产品组合，满足客户需求。

3. 将产品变得简单

互联网时代，产品简单化是大势所趋。国外有一家商业银行，为了走所谓的"精细化"、"差异化"之路，甚至把客户市场划分成"细胞组织"结构，为此研发出大量产品。为了推销这些产品，这家商业银行建立了庞大的营销部门。有人形容，这家商业银行的组织结构比"蜂巢"还要复杂。复杂的组织结构、复杂的产品、复杂的客户分类……最后导致的结果，就是一切变得十分复杂。管理变得复杂，营销变得复杂，种种复杂所产生的高昂的开支，终于让这家商业银行停了下来。就像一个结构复杂的精密仪器，有一个"环节"出错，这个仪器就变得不再精密。因此，商业银行要把产品设计简单化，产品功能简单化。产品越简单、价格越透明、操作更便捷，才能让客户更加喜欢。

简约思维，并不能用"简单"二字进行概括。事实上，简约是一种专注、一种纯粹。当我们用心将公私联动打造成一个"精品"活动，才能发挥公私联动营销的价值。

第四章

公私联动的战略规划

一、制订公私联动计划

俗话说，闲时无计划，忙时多费力。如果做事情没有计划，就如同航船没有导航灯一样。公私联动是一种营销活动，它有商业银行的营销目标，也承载着商业银行拓展客户、服务客户、营销客户、取得开门红的责任。因此，商业银行管理者需要制订公私联动计划，才能保障活动工作的顺利开展。

制订公私联动计划有两个目的：一是结合商业银行的内外部环境进行系统分析，找到实现营销目标的途径和方法；二是给活动执行人提供工作方向、工作目标、工作目标完成时间等。有一位管理专家说过一句话："像产品或服务一样，计划如果被管理者作为进行战略决策的工具，那么它本身也必须被加以管理和塑造。"这句话告诉我们，管理者不仅要制订计划，还要做好计划塑造与计划管理工作。还有人说，计划是行动的"保镖"……总之，制订公私联动计划是活动开始前最重要的一件事。那么公私联动计划到底有怎样的意义呢？

1. 计划是桥梁

在没有做计划之前，人类所有的活动都要面临一片"海洋"。这片"海洋"充满着种种不确定性。以公私联动营销为例：首先，我们对客户市场的认知存在一种不确定性。辖区内到底有多少客户，到底有几类客户，客户的消费特征是什么……如果没有经过调查，恐怕是难以判断的。其次，我们对同行业竞争对手的了解又有多少呢？做计划，就是提前把前期的问题一一搞定，为未来行动搭建一座桥梁。桥梁搭建起来了，才能减少活动过程中的各类风险。

2. 计划是分工

虽然互联网时代是一个共享、去中心化的时代，同样也是一个分工细致、协调关系紧密的时代。如今，越来越多的商业银行借助精细化管理谋求转型之路，精细化管理的特点就是细致分工、重视细节与团队协调。公私联动是一项团队工作，在这个团队工作中，需要每一个参与者都要有自己的角色、位置、戏份……就像拍一部电视剧，每一个人都有自己的任务。围绕着公私联动营销，我们还要做到协调一致、互帮互助。计划，就有这样一种"分配"作用，它可以提前把角色、工具、任务、职能等进行分工、安排。

3. 计划是指挥

著名管理专家法约尔提出管理的五大职能分别是计划、组织、指挥、协调、控制，其中"计划"二字便排在首位。事实上，制订计划就是为了更好的组织、指挥、协调、控制。如果没有计划，也就无法实现后面的四项管理。计划为员工提供方向和目标，也为员工提供工具与方法。换句话说，计划就是指挥，计划就是司令部，他能够代替管理者进行"发号施令"，并为整个公私联动营销活动绘制蓝图。

4. 计划是标准

计划是根据企业内外环境、客户特征、市场特点制定出来的策略，它不仅为公私联动提供开展依据，而且还为公私联动制定了一系列的游戏规则。所谓"游戏规则"，就是开展活动的方式、方法、尺度和标准。计划能够告诉我们怎么做是对的，怎么做是错的；计划还会告诉我们如何执行才能不偏离目标、航线。由此看来，计划本身就是执行标准。

明确公私联动计划的制定意义，下一步工作就是如何制订公私联动计划。通常来讲，制定过程为四步。

第一步，确定计划任务。

商业银行可以在任何时间内开展公私联动活动，每一个时间内的活动任务有所不同，侧重点也不尽相似。比如针对银行开门红制定的公私联动，其活动计划的基本任务就是实现开春首季开门红。有了总体任务，商业银行才能根据任务制定具体的目标。

第二步，制定活动目标。

根据计划任务制定具体可行的目标，是开展公私联动活动的基础。制定活动目标，管理者可以根据smart原则进行制定，也可以根据商业银行的实际状况按照成熟的目标管理制订方法进行制订。活动目标是一个矢量，它就像一个"刻度尺"可以随时测量活动的进程。通常来讲，制定的实际目标要比计划目标的"完成难度"高一点点。

第三步，确定资源组合。

公私联动活动是一种联动的、整合的活动，需要根据活动元素和活动内容确定服务方案和产品方案。由于对公、对私产品有较大的差异性，如何对产品进行组合、捆绑，就显得非常重要。对公、对私服务，维护方式也存在一定的差异……只要管理者用心思考、用心准备，就能对活动资源进行优化。

第四步，分配计划职能。

前期工作准备好，就需要对整个计划进行分配。针对公私联动的分配方式有目标的分配、责任的划分、岗位的确认、资源组合的分配以及各种管理计划的制订和落实。计划分配完毕，还要写公私联动计划报告，形成一份有约束力的"红头"文件。

　　计划是基础，是行动指南。就像钢铁大王卡耐基所言："一个人不能没有生活，而生活的内容，也不能使它没有意义。做一件事，说一句话，无论事情的大小，说话的多少，你都得自己先有了计划，先问问自己做这件事、说这句话，有没有意义。你能这样做，就是奋斗基础的开始奠定。"

二、建立公私联动优势

古人行兵打仗之前，都会制定战略战术，然后做足准备工作。比如，战略物资的储备。行兵打仗，不仅是战略战术、双方兵力的较量，还包括军备物资、后勤支持、对对方实力的掌握等。除了制订计划外，想要打赢战争就必须做到知己知彼。所谓"知己知彼"，就是对敌我双方都了如指掌。《孙子·谋攻篇》这样写道："知己知彼，百战不殆；不知彼而知己，一胜一负；不知彼，不知己，每战必殆。"意思是说，作战过程中，知己知彼才能取胜；如果知己不知彼，胜败各一半；如果不知己不知彼，一定会惨败而归。有一个营销专家认为："营销就是抢客户！只有打败对手，才能占领市场。"言外之意，公私联动营销是一场没有硝烟的市场争夺行为。想要做好公私联动营销，就需要知己知彼，建立公私联动竞争优势。

现实中，各大商业银行几乎处于同一水平线上。有人说，产品相似、服务相似、渠道相似、资源相似，完全是势均力敌的，对谁都没有优势可言。但是，这里用了"相似"这个词语。"相似"，就是差不多的意思。俗话说，差之毫厘，谬以千里！更多时候，优势就在毫厘之间。举个例子：某商业银行提供人性化服务，能够借助服务换来客户的舒心；另外一家商业银行提供"人性化服务+免费礼品"，通过这种方式换来客户的忠心。两者区别在哪儿呢？一边是人性化的服务，另一边是人性化的服务+免费礼品；一边是客户舒心，另一边则是客户忠心。提供的服务内容不同，就会换来不同的结果。从这个例子可以看出，选择"服务+赠品"的效果要远远好于单纯服务的效果。如果商业银行选择"服务+赠品"的营销模式，就会确立营销优势，吸引更多客户前来体验。

对于开展公私联动活动的银行而言，我们要确立哪些优势呢？通常来讲，要确立三个方面优势。

1. 资源优势

资源优势是商业银行的综合优势，它包括财务状况、人力资源、管理水平在内的八种资源。

（1）财务状况：特指商业银行在经营过程中资金的筹集与运用状况。对于公私联动营销而言，主要是吸纳存款的能力与相关产品的营销能力。

（2）人力资源：俗话说，人才是第一生产力。商业银行需要把人才建设放在首位。既要科学选人，更要科学用人、科学育人。打造有竞争力的人才团队，是确立优势的重要一环。

（3）银行资产：通常来讲，国有四大行有较大的资产资源优势，但是并不意味着其他商业银行没有竞争力。另外，扬长避短发挥自身优势，也是一种抢占市场的战术。

（4）管理水平：提升银行管理水平的方式方法有很多。通常而言，第一步要提高管理者与员工的职业素质、道德修养和责任意识；第二步要健全科学的管理机制，采取科学化管理。坚持"两步走"，就能确立管理优势。

（5）技术水平：对于商业银行而言，有两层技术。第一层，管理营销的技术；第二层，计算机信息管理技术。两者结合，就是一种"营销——服务"技术的结合。这需要银行管理者耗费极大心血，才能将优势确立起来。

（6）抗风险能力：对于商业银行而言，抓三大风险以及合规风险的防御工作也是十分重要的。提高抗风险的能力，可以提高商业银行的综合实力。

（7）创造商机的能力：这种能力，也就是一种营销"捕捉力"。它需要银行管理者及员工自我培养一种敏锐的洞察力和果断的决策力与执行力。

（8）社会及客户支持力：商业银行的口碑、知名度越好，社会及客户的支持力度越大。建设银行品牌，为银行赚口碑，是确立资源优势的关键所在。

2. 模式优势

虽然每个商业银行都有可能开展公私联动营销，但是营销模式的运行方法也会存在差异。公私联动是一种综合营销，它可以借助多种工具、策略、平台进行营销。因此，商业银行的管理者要敢于创新，把公私联动打造成有特色的营销平台。不管是外拓，还是沙龙；不管是微营销，还是渠道营销。大胆创新营销方式，就可以逐渐建立市场竞争优势。

3. 产品、服务优势

（1）产品优势：产品优势包括产品属性优势和产品价格优势。优势产品或优势产品组合，是竞争取胜的关键所在。虽然当下商业银行产品的功能相似、价格也相似，但是能够将这些产品进行重新组合，就能够提升产品的竞争力。另外，商业银行还要继续加大对新产品的研发力度。

（2）服务优势：当下商业银行之间的竞争，更多是服务的竞争。谁做好、做实服务，谁就能够换来客户的忠诚度。

事实上，公私联动优势是建立在商业银行的综合管理基础之上的。只要商业银行的综合管理水平得到了提高，就能够确立多方面的优势。

三、公私联动战略环境分析

过去，人们总是把商业银行看成一个金融组织，而不是一个普通企业。甚至有人认为："银行是永远不会破产的，吃的是国家政策的饭！"如今，这种"政策"似乎变天了。商业银行虽然还要依靠政策，但是也会像普通企业那样破产。换句话说，商业银行就是一个企业。坊间同类别的企业多如牛毛，且相互之间的竞争非常激烈。

有一家商业银行客户经理曾经经历过一件刻骨难忘的事情。大概许多年前，该商业银行得知某国内大公司正在谋求开账与结算计划，这个计划需要与一家有强大结算能力的商业银行进行合作。这家商业银行的客户经理老于希望"吞下"这个客户，帮助银行谋划一笔订单。

与客户的接触过程中，老于发现：与这家公司有接触的商业银行不下十家。换句话说，这场客户抢夺战犹如"比武招亲"一般激烈。为了拿下这个客户，老于和其所在银行可谓费尽周折。他们拿出大量的时间，对行业环境、竞争对手、客户本身进行深入研究、分析，希望从中找到突破口打赢这场客户抢夺战。在老于的建议下，该商业银行专门为这个客户成立了一个

"专项攻关小组"，全方位了解客户、并为客户量身制订营销方法和策略。

经过老于的努力，这家商业银行击败了其他同行，幸运地拿下标书。因为这笔业务，这家商业银行持续深入客户的下游，采取公私联动的方式拿下了更多重要客户。老于感慨："我们之所以能够取得成功，是因为我们做足了功课，向客户展现出强大的结算实力和品牌效应。"

在激烈竞争的市场环境下，许多企业、银行都在做战略环境分析。这个工作不是"无用功"，而是一项非常重要的工作。互联网时代下的市场环境，似乎变得更加复杂。有业内人士说："现在的市场环境，有点让人看不懂了。"在这样一个复杂、激烈的竞争环境下，商业银行的管理者更应该擦亮眼睛，清醒地认识自己与自己的对手，制定出既要迎合市场、又要符合客户利益的营销策略。通常来讲，商业银行的战略环境有三个方面的环境。

1. 宏观环境

宏观环境是外部大环境，它包含商业银行所在辖区的经济大环境、人口环境、自然环境、科技环境、法律环境、人文环境、教育环境、医疗环境等。许多商业银行或企业采取"SWOT"分析法对宏观环境进行战略分析。"SWOT"分析法也叫态势分析法，S是优势，W是劣势，O是机会，T是威胁。根据这四个方向；商业银行可以分析当前的环境优势是什么，劣势是什么，哪些方面有比较大的机会，给商业银行带来的威胁有哪些方面。

2. 微观环境

微观环境就是商业银行内部环境，它包括商业银行内环境资料、实力资料、营销状态、客户资源、外部关系资源等。银行内部环境资料又包括银行的组织结构、职能部门、上下级关系、部门联动配合默契程度、决策力度和执行力度等。商业银行的实力资料包括市场占有率、产品覆盖率、平台销售能力、促销手段、产品的市场竞争力、获利能力、营销服务质量、产品的生命周期以及银行产品研发能力和创新能力等。商业银行的营销状态包括相关营销人员的工作能力、服务能力、市场开拓能力以及商业银行与第三方合作的广度和深度。商业银行的顾客资料包括客户分类、客户需求分析、客户消费喜好、客户评价方式等。商业银行的外部资源则包括政府资源、媒介资源、企业资源、公众资源等在内的社会资源。商业银行可以借助"GE"分析法或者"SWOT"分析法进行具体分析。

3.行业环境

行业环境特指整个目标市场的金融环境，它包括行业内的竞争、新进入者的搅局、替代行业及产品的威胁和客户方的购买决策。比如，搅局者的实力、搅局者提供的产品特征、行业知名度、营销渠道、相关政策等，都会给商业银行带来冲击和威胁。比如，替代行业、替代品在服务、操作、管理、渠道上的优势，会转移消费者的注意力，影响到商业银行公私联动的联动效果。比如，客户的购买决策、客户的数量、应对危机的能力、需求的差异性等，也会对整个金融行业以及商业银行带来影响。商业银行可以根据"五力模型"法进行具体分析。

通过战略环境分析，商业银行就可以做到"知己知彼、百战不殆"。就像一位哲人所言："对于一个营销者而言，战略分析等同于营销一名重要的客户。"

四、制定公私联动目标

俗话说，有人生目标的人才能获得成功。目标，就是前进道路上的一个坐标，它可以像磁铁那样给予人们前进的动力。因此有人说，目标具备激励的意义。曾经有一个权威杂志做过一个调查：91%的底层劳动者没有人生目标，7%的中产阶级有完整的人生目标，2%的高级管理者不仅有完整的人生目标，还有与之相匹配的人生规划。目标就是一种动机，没有动机的人生，就难以取得成功。

对于人而言，目标有着积极的作用。对于商业银行的公私联动活动而言，也有极大的促进作用。1967年，美国心理学家艾德温·洛克提出"目标设定理论"，他认为：有专一的目标，才有专注的行动。举个例子：一名短跑运动员百米赛跑成绩是10秒。就在他跑出人生最佳成绩的时候，他提出一个挑战性的目标：跑进10秒！有目标进行引导，这名短跑运动员在一年时间内多次跑进10秒。这个例子，与日本马拉松运动员的成功案例如出一辙。制定公私联动活动目标，也是为了实现超越，争创银行开门红。

艾德温·洛克的目标设定理论，关于目标的设定方法有七条建议。商业银行的管理者可以进行参考，并确定公私联动目标的制定过程。七条建议如下：一是在力所能及的条件下，制定难度偏高的目标；二是目标必须是具体的、明确的、可衡量的、一目了然的；三是实现目标的过程中，必须要全力以赴（有些商业银行借助相关制度来约束）；四是将长期目标分解为中期目标，再将中期目标分解为短期目标；五是对目标进行定期反馈，检查任务进展程度；六是奖励目标，借助奖励提高执行者的工作积极性；七是抱着乐观、积极的态度，不论成功、失败，都要总结经验，并建立评估机制。

当我们明确目标的制订方法，就要对公私联动活动进行目标制定。通常来讲，公私联动活动目标有三层目标。

1. 战略目标

前面我们讲到战略环境分析，做完分析工作之后，就需要趁热打铁，把战略目标制定出来。战略目标就是战略规划，为整个营销活动提供方针路线。在这里，需要商业银行的管理者解答两个问题：一是在现阶段，商业银行的任务是什么？二是为什么要进行公私联动营销？

另外，制定战略目标的同时，还要再次确认商业银行的使命。有人会问：银行使命与制定战略有何关系呢？事实上，商业银行的使命就是一种终极目标。比如工商银行的使命是：提供卓越金融服务，服务客户、回报股东、成就员工、奉献社会。再次确认自己的使命，才能制定出落地的战略目标。

2. 业务目标

业务目标与营销目标有所不同，业务目标也是一种总体规划。换句话说，业务目标就是一种业务计划。制订业务计划，可以通过五个方面进行制定：一是明确战略目标之后，商业银行管理者还应该对前期完成的指标任务、工作质量、绩效结果进行总结、评定，根据评定结果为新业务开展提供科学依据；二是制定出业务目标的主体内容，其中包括业务成本、业务开发、业务管理、业务质量、联动业务实施方针等多个方面；三是确定业务计划实施过程所采用的工具和方法，比如SWOT分析法或者SMART制定法；四是对业务目标管理提出具体要求，并制订出监督方案和监督制度；五是制订绩效考核方案，对目标完成度进行评估、打分。通过以上五步，商业银行管理者才能够制订出合乎实际的计划方案。

3. 营销目标

营销目标是一个具体的、实际的工作开展目标。这个目标直接作用于营销资源的分配、营销任务的分解、营销活动的开展、产品组合的捆绑等。制定营销目标的同时，需要商业银行管理者和执行者解答六大问题：一是如何提高公私联动营销业绩；二是如何降低公私联动活动成本；三是如何提高商业银行辖区内的市场占有率；四是如何开辟新客户市场，拓展新的营销渠道；五是如何加强联动效率提高产品组合的销售能力；六是如何借助服务提高客户体验。如果我们能够找到正确答案，便可以根据"SMART"原则进行营销目标的制定工作了。

除此以外，商业银行还要了解、分析并找出影响目标的阻碍因素，比如部门联动不协调、员工工作积极性不高、缺乏激励机制、管理机制与管理目标发生冲突、缺乏过程管理、培训体制不健全等。解决了管理阻碍，消灭了目标阻碍因素，才能让公私联动目标管理更加有效。

五、明确公私联动目标要求

老师给学生布置任务，通常有两个方面的体现：第一，要求学生认真学习，考试成绩有所提升；第二，要求学生有一个具体的考试名次的体现。就像学生家长对学长讲："下一次你必须考进前三名！"前三名就是一种具体的目标要求。商业银行制定公私联动营销目标，也需要有具体的要求。

目标要求都有哪些作用呢？通常来讲，商业银行设定目标要求有五个方面的作用。

1. 上下级认同

确定目标要求是上下级共同确认的结果，它并不是单方面提出来的。如今大多数商业银行讲民主管理，员工既是执行人也是决策参与者。上下级彼此认可，才能对目标提出具体的要求。倘若目标要求是单方面提出来的，上下级协调不一，就会出现讨价还价、推诿扯皮的现象。

2. 符合SMART原则

如果制定的目标不符合SMART原则，这样的目标就是难以测定、评估、考核的，因此会成为一种"空目标"或者"无价值目标"。对目标进行要求，就需要借助SMART工具进行"校对"。换句话说，只有符合SAMRT原则的目标才能制定目标要求。

3. 给予压力、动力

有人说，目标是一个方向，目标要求是通常目的地的船帆。目标要求，用来规范执行人的行为，强化执行人的责任意识。打个比方：如果我们对学生的学习成绩没有要求，而是空谈一个学习目标……想必他这一辈子也无法达到学习目标。给予执行人足够的压力和动力，是非常重要的一件事。

4. 有针对性

给目标制定要求，如同对准一根木条进行楔钉子一样。言外之意，目标要求就是对目标进行的有针对性的管理。通常来讲，目标越少越好，目标要求越清晰越好。

5. 取得信任

目标要求是一种协同商量的结果，也是一种上下级"合作"的最终确定方式。在公私联动营销过程中，配合与协调十分重要。但是更重要的元素，则是双方互信。大作家爱默生说过一句话："你信任人，人才能对你忠实。以伟人的风度待人，人才能表现出伟人的风度。"确定目标要求的前提，就是取得信任。

目标要求有五大意义，也就有五大作用。那么商业银行的管理者如何制定目标要求呢？抑或目标要求有哪些特点呢？

1. 突出重点

如果一个目标没有主次之分，这样的目标就难以让执行人对资源、精力进行合理分配。因此我们看到成功的商业银行的营销案例，都是突出重点、打造亮点、提升整体、深化全营销、全服务。突出重点，才能精准发力，做好精准营销。因此商业银行管理者要明确目标的重点、难点、亮点，科学统筹，对准核心，才能更好发力公私联动营销。

2. 区分层次

通常来讲，目标并不是一个单一的"数值"，而是存在一定的层次性。公私联动是一种合纵连横活动，这样的活动目标更是"层层组成"的。商业银行管理者要将目标进行层层分解，才能将目标责任落实到人。通常来讲，目标分六个层次。由上到下进行分层，逐层目标是：活动宗旨——活动使命——活动总目标——关键成果目标——部门（条线）目标——个人目标。明确这样的层次，才能让组织工作左右互联、上下支持、团结精进。

3. 可测量化

数量化的目标，也被称为目标量化。就是把目标当成一个"刻度尺"，活动行进到哪里，都能够进行清晰的测绘、对标。许多企业、银行采取SMART原则对目标进行量化管理，制定出明确的、可衡量的、可接受的、符合现状的、有时间限制的目标。如果目标是不可量化的，就无法启用测量工具和考核工具进行相关考核管理。

4. 现实化、可行化

目标是一种梦想，但绝不是幻想。有些组织制定的目标，看似高大宏伟，实则如空中庙宇。还有一些目标，完全是无从下手实践的。简单举个例子：一个人通过合理科学的减肥，一个月可以减到20斤肉。如果给这个人制定一个月50斤的减肥目标，恐怕就难以实现……即使能够实现，也要违背自然规律和科学方法，对机体造成损伤。商业银行制定公司联动目标要求，也要实际一点、靠谱一点、符合当前的市场要求和组织发展规律。

5. 协调性、统一性

俗话说，组织目标与个人目标相一致。虽说公私联动营销是商业银行的集体活动，但是活动的主体还是"个人"！商业银行制定的目标是一个"多方目标"，既要符合组织利益，也要符合个人利益。有一位银行管理者认为："银行组织是一个利益集团，银行目标也是一个利益集团的目标，它必须兼顾银行组织、股东、员工、客户等各方利益。"由此看来，目标要求的协调性、统一性是非常重要的。如果目标不协调，就会损害其中一方的利益，影响公私联动活动的质量。

明确目标要求，才能对市场进行细分和定位，对活动进行督导和管理。商业银行管理者根据科学方法明确目标要求，是确保开展公私联动活动的基础。

六、公私联动营销的横向整合

公私联动营销的特点就是"联动"，"联动"也就是联合行动的意思。"联动"包括上下级联动、部门与部门联动、条线与条线联动、商业银行与第三方联动……甚至还有商业银行与客户之间的联动。其实，联动的本质就是整合。

北方某商业银行开展公私联动营销工作，不断深化代发工资业务，从源头抓储蓄、理财等个人业务，取得了非常好的效果。按照这家银行行长的说法，他们采取了"五大整合"。

区域整合：过去，该商业银行一直采取划片、划区的营销模式。对公业务只负责辖区内的公司客户；对私业务是负责辖区内的个人客户。这种业务划分，看似非常精细，实际上则是一种浪费资源的行为。后来这家银行采取"联动营销"策略，对营销区域和营销平台进行了整合。从代发工资业务入手，逐渐向其他区域渗透。通过区域整合，这家商业银行创建了公私、私私、上下、左右的大联动、大整合的营销策略。

管理整合：传统的商业银行营销管理是完全分开的，只有行长或者负责营销业务的副行长统管全部业务。开展公私联动营销之后，两个条线的营销管理就完全放在了一起。从营销台账的整合，到工资、奖金的统一发放；从客户的深情维护，到公私联动营销工作的开展；从客户项目管理，到重点项目考察。这家商业银行做到了各条线、各营销部门的管理整合。

活动整合：如今，虽然有许多商业银行开展公私联动营销，但是各条线组织活动还是"各自为战"。举个例子：某商业银行开展公私联动，个金条线与对公条线分别开展不同的营销活动。虽说"各自为战"也有好处，但是总体效果不如将活动整合在一起进行。这家商业银行通过活动整合，进一步将客户资源进行深度开发，不仅有效营销企业客户和个人客户，而且创造了历史同期营销记录。

服务整合：服务整合是整合营销的其中一个方式。为了提高银行产品的渗透度和客户贡献值，这家商业银行开展上门服务工作。上门服务，一方面针对企业业务，另一方面针对个人业务。有员工说："我们银行的服务理念是，对待企业服务与个人服务的态度是一致的。"在服务客户的过程中，条线与条线之间互相补台，齐心协力，从而创建了一个互动式服务平台。通过这个平台，该银行可以为客户提供一站式服务。

队伍整合：实际上公私联动的核心就是整合队伍。将原本两支不同的营销队伍进行整合，是需要魄力和胆量的。整合队伍，就是消除隔阂，强化一体营销。通过这种方式，这家商业银行打造了一支综合营销队伍。这支营销队伍，凝聚力更强，战斗精神更加充沛。在默契的配合下，公私联动营销得到了强化，从而加快商业银行转型发展的脚步。

成功的案例告诉我们，公私联动的"联动"方式以及"整合"的方法和方向。除了上述联动整合方式外，还有三种横向整合的方式值得其他商业银行管理者进行借鉴。

1. 产品整合

通常来讲，商业银行针对不同的营销方式会推出与之相适应的产品策略。产品策略是公私联动营销的核心部分。由于企业银行产品与个人银行产品存在差异，几乎所有的银行依旧采取分而行之的营销方式。如今，商业银行产品种类很多，相似的、互补的产品有很多。如果将两种或者两种以上的产品进行组合，既可以解决企业客户需求，也能够解决企业内个人客户需求。产品组合又包括产品种类组合、产品与服务组合等。

2. 促销组合

公私联动活动是一个总体活动，它并没有强调营销活动的具体开展形式。大多数商业银行为了吸引消费者、提高营销质量，会选择开展各式各样的促销活动，其中包括打广告、信息推送、海量促销宣传、促销产品信息介绍以及具体的营销服务。开展公私联动活动，就需要将各种促销活动、促销元素进行整合，对同类资源进行共享和共同开发。这样做，不仅能够节省促销活动开支，而且还能更好地开展促销活动。

3. 分销渠道整合

传统的商业银行渠道营销，就是将每一种产品、每一项业务进行划组定人，每一个人负责一个渠道。互联网时代下，许多商业银行开始走"全渠道营销"的道路，对分销渠道进行整合。整合的目的有两点：一是实现综合化管理；二是实现综合化开发。比如国内某农商银行，将线下物理渠道与线上移动端渠道进行融合，形成一种全渠道协同机制。

"整合"是一种管理，也是互联网时代下的思考方式。通过资源整合，商业银行才能开发、创新出具有生命力的经营模式和综合化产品。

七、公私联动后勤支持

俗话说，一个成功的男人背后有一个支持他的女人。世界冠军能够站上领奖台，也都有背后团队的一份功劳。因此，我们常常听到一些成功人士的感言：感恩家人、朋友对其无私的帮助。玫瑰花丛之所以美丽，离不开勤劳园丁的打理和修剪……公私联动营销如果能够取得成功，也需要后勤部门鼎力配合和支持。举个例子：某商业银行开展户外营销活动，除了营销人员的推销和服务之外，其他工作人员也要有各自的角色和任务，有的派宣传单、有的为顾客提供简单服务、有的负责现场秩序维护、有的负责顾客的引流工作。如果没有其他人员的配合和支持，户外活动就无法正常开展。

公私联动并非只是条线联动，它是一种商业银行全营销的活动方式，银行内的每一个部门都需要做出配合、联动。比如技术部门提供体术支持，风控部门提供活动风险控制、厅堂部门提供接待与服务等。通常来讲，公私联动活动需要后勤部门提供八项支持。

1. 管理支持

除了营销部门之外的其他部门，在公私联动活动中，都属于"后勤部门"，其中也包括营销部门的上级管理部门。上级管理部门是营销计划的制订者、任务的布置者、目标考核者、激励制度制定者……换句话说，上级管理部门能够为营销部门提供一切管理资源和人力资源。有人说："管理部门是保姆部门。"对于公私联动活动而言，上级管理部门应该给予管理支持。

2. 对接支持

除上级管理部门外，企业职能部门在整个营销过程中，应该主动承担协助营销部门工作的责任，对接营销部门所需要支持的窗口。比如大堂经理提供客户引流，柜台为客户提供办理服务，技术部门负责相关信息的入录等。对接支持的特点，就是替营销部门分饰一部分角色职能。

3. 流程支持

每一个商业银行都有自己的管理流程，有业务办理流程、活动承办流程、资金申请流程以及各种专项流程。营销部门在执行流程的过程中，不免要与其他后勤部门、后勤环节打交道。如果这些后勤部门能够快速按照流程办事，营销部门的执行效率将会大大提高。

4. 数据支持

通常情况下，营销活动在进行过程中，营销人员需要借助一定的指标、数据进行营销布局、产品设计、服务支持、战略调整。比如公私联动所需要的市场占有率、营销产品定位、客户贡献值、市场饱和度、竞争对手的相关数据等指标。这些指标数据，能够客观反映市场状况及活动开展质量，从而帮助营销部门调整营销策略。

5. 沟通支持

除了营销沟通之外，后勤部门也会提供部分沟通、咨询工作。举个例子：某商业银行开通了公私联动咨询服务热线，客户可以通过热线咨询活动信息和相关产品信息。咨询服务热线的作用非常大，如果沟通给力，就能够留住客户，并将客户推荐给营销部门；如果沟通不给力，客户对活动不感兴趣，就会离开或选择其他商业银行。

6. 售后支持

售后工作包含两个部分，一部分是售后服务支持，另一部分是客户抱怨、投诉处理。如今，各大商业银行都有相关部门、相关制度进行专业处理。与此同时，也需要营销部门与售后部门做好协调、衔接工作。另外，商业银行还要制定投诉处理流程，按照科学标准处理，才能够将客户的意见转化为营销对策。

7. 资源支持

事实上，商业银行每一个部门都掌握一定的资源，这些资源对整个公私联动营销工作有推动作用。俗话说，一个篱笆三个桩，一个好汉三个帮。营销部门需要后勤部门提供资源支持时，各部门应该从总体目标出发，调动内部资源给公私联动营销提供必要支援。

8. 评价支持

公私联动营销活动结束或者阶段性结束后，就会得出各种结果。银行各职能部门应该承担起营销部门汇总数据、整理结果的工作，并制订出相应的评价方案。评价结果直接反馈营销活动的开展质量，再根据评价结果制订不同的辅助、支持方案，帮助营销部门改进营销策略，重新制订营销计划。

除此之外，后勤部门还要提供合同管理、客户接待、协调分工、行政组织、后勤保卫、培训开发等方面的支持。只要销售前台有效，后勤保障给力，就能够形成联动效应，促进公私联动营销活动的开展。

公私联动

管理者、员工篇

第
五
章

公私联动对管理者的要求

一、构建公私联动蓝图

管理者是一个组织的"核心人物"，他是组织的管理者和设计者。有人说："银行行长就是银行蓝图的设计师！"为银行构建蓝图，是一名银行管理者的职责和任务。

"蓝图"到底有什么作用呢？"蓝图"并不是一张蓝色的图纸，而是一种设计和规划。构建公私联动蓝图，就是为公私联动设计方案。通常来讲，一个蓝图规划有三部分组成：目标、能力、行动。目标，就是商业银行自我制定或者上级下达的任务目标。对于一个分支网点，通常也有自己的目标。这个目标，需要银行管理者结合银行实际经营状况进行制定。能力，是一个非常大的词汇，它包括管理能力、执行能力、协调能力、团结能力等多种能力。能力是一种"载体"，在公私联动活动中，它承载着产品与服务，借助能力转化成价值。行动，就是以目标为导向、以能力为载体的业务执行。

规划蓝图的意义非常重要，正如美国通用电器公司的董事长威尔逊所言："我整天没做几件事，但有一件做不完的工作，那就是规划未来。"构建公私联动营销蓝图是商业银行管理者的基础技能，也是商业银行管理者的一项重要工作。如何才能设计规划蓝图呢？可以参考"六步"设计法。

1. 规划调查

规划蓝图并非凭空产生，而是经过科学调查后制订出来的规划。调查工作，也就是前期准备工作。对于管理者而言，哪些方面是值得关注的呢？

（1）品牌定位：管理者从要商业银行品牌出发，结合市场、产品、客户的反馈拟定的经营决策。

（2）价值主张：客户对商业银行产品、服务价值的描述和评价，根据相关描述和评价观点拟定营销战略。

（3）目标客户：了解并调查辖区内的目标客户群体，并对目标客户进行分类，归纳、整理。

（4）竞争对手：俗话说，知己知彼才能百战百胜。管理者要了解并掌握辖区内竞争对手的经营状况和业务开展状况。

规划调查工作是基础，前期工作十分庞大且繁杂，管理者要耐心、认真地夯实规划调查工作。

2. 确定目标

前期调查工作结束之后，需要银行管理者根据公私联动制定目标。首先，管理者要对既往完成的目标进行梳理，找出规律。其次，管理者要对目标市场进行"检讨"。"检讨"的目的在于评估目标市场的客户保有量以及辖区内客户需求特征。再次，管理者还要分析营销的切入点和客户的需求痛点。上述三项工作完成后，管理者就可以结合商业银行实际状况确定公私联动营销目标。

3. 制定计划

目标是方向，计划是实施之根本。通常来讲，也是先有目标，后有计划。或者说，计划是一种工具。著名营销管理专家Timothy Calkins认为："外部机构可以帮助你了解你的竞争对手和客户，并执行战术和方案，但营销计划本身，应该来自负责业务的人来制定。你并不需要一个200页的文件，你只需要识别业务的优先顺序，以及怎样实现它。"有了活动目标和相关数据，管理者需要找到连接目标与活动的那座"桥梁"，这座"桥梁"就是计划。除了总体计划外，管理者还应该制订公私联动的"行动计划"。"行动计划"应明确活动区域、拜访客户的方式、拜访频率和产品推介方案等。

4. 制定指标

以公私联动活动为例，活动指标要结合活动目标与活动计划进行设定。活动指标是个具体的数字，具备可衡量、可考核、可评估的作用。制定活动指标的过程是一个相对复杂的过程，管理者可以根据"SMART"原则进行设计。

5. 分解指标

对于公私联动活动而言，联动部门需要共同完成一项工作。因此，指标分解的方式方法也与以往有所不同。通常来讲，指标分解有如下几种方式。

（1）根据时间分解：把活动的总指标按月、按季进行分解。商业银行开展"开门红"营销季，就需要将指标按照季度进行分解。

（2）根据区域分解：商业银行所在辖区，有社区、园区、商区等，可以按照不同的区域进行指标分解；另外，管理者还可以按照成熟区域与非成熟区域进行分解。

（3）根据产品分解：不同的产品有不同的配额，根据配额结合区域、客户群体的状况，进行细致划分。

由于是公私联动活动，分解指标的方式可以取消"公私客户"分解法。指标得到层层分解，指标到人，更利于活动的开展。

6. 项目启动

项目启动就意味着公私联动活动正式拉开帷幕。许多商业银行、企业采取活动启动会的方式，也有一些组织通过文件下发、活动宣传等方式启动项目活动。

　　有一个企业家说："规划一个蓝图，意味着开启一个时代。"因此，商业银行的管理者要具备规划活动蓝图的素质，才能做好银行管理和经营工作。

二、具有辅导意识

　　管理者是一个组织的灵魂，他虽然没有三头六臂，但却要胜任许多角色，拥有很多头衔。有人把管理者比作"老板"，"老板"并非老是板着脸，而是一个组织的掌柜子；有人把管理者比作"管家"，因为他大事、小事都要管，几乎没有他不管的事；有人把管理者比作"教练"，管理者常常借助教练技术实现管理；还有人把管理者比作"辅导员"，源自管理者要长期对员工进行辅导帮助，助力员工成长。

　　商业银行行长就是这样一名管理者。许多管理者深知：管理的精髓不在于"管"，而在于"辅导"。"管"是一种强制手段，是被动让员工接受；"辅导"是一种方式，旨在改变员工的技能和精神状态，使管理做到"无为而治"。那么银行管理者如何对自己的手下进行辅导呢？

1. 察言观色

过去有一个笑话，说那些私塾老师常常在学生"晨读"的时候出现在角落的一侧观察学生的嘴型和表情。学生们认为私塾老师非常"古怪"，简直是个有怪癖的人。私塾老师有自己的看法，他们坚持认为：一个学生的专注度、认真程度、刻苦程度能够通过表情、嘴巴等动作神态表现出来。事实上，过去许多为官之人选拔干部，都采取"察言观色"的办法。

另外，管理者"察言观色"的目的不在于洞悉员工的形态，而在于观察后的思考。有一些管理者非常"急躁"，员工还没解释完，便暴跳如雷、失去分寸。不但问题没有得到解决，有时还会被事实真相所蒙蔽。虽然不能要求管理者做到"心如止水"，至少管理者要做一个善于观察、具备辅导姿态的领导。

2. 查找问题

我们常常用"寻根溯源"四个字来形容寻找问题、探求答案。举个例子：银行开展公私联动营销，通常活动开展不会一帆风顺，总会暴露出一些问题。此时，银行管理者需要冷静下来，然后寻找问题真相。在寻找真相过程中，管理者要与员工一起寻找，既不要打击员工的积极性，也不要完全代替员工……总之，查找问题、寻根溯源也要把握尺度。只有发现问题，才能给员工正确的辅导意见，让员工工作重回正轨。

3. 善于沟通

沟通是一项本领，它可不是一项"耍嘴皮"的技能。沟通就是在两颗心之间搭建起信任的桥梁，让员工说出自己的想法和看法，从而寻求观点上、看法上的一致性。

对于公私联动营销而言，本需要上下级协调、联动。管理者在联动过程中，并非只是一副"老板"的形象，而需要他成为活动中的"沟通者"和"辅导员"。商业银行管理者要常常与员工进行沟通，用一种协商、辅助的方式帮助员工发现问题、解决问题。

在整个沟通过程中，管理者要把员工当成事件的主角。不管自己是沟通人角色还是倾听者角色，都需要减少"命令"话语的使用，给足员工"面子"，尊重每一个员工。

4. 鼓励员工

现实中，许多人见惯了"老板"教训人的嘴脸。有人说，老板为何板着脸，是因为他们的字典里从来没有"表扬"、"鼓励"等词汇。互联网时代与任何一个时代都不同，它特别强调员工的个人表现和贡献价值。管理者要具备一种胸怀和"成人之美"的思维，逆境时给予员工鼓励，顺境时给予员工肯定和表扬。辅导员的角色，并非只有"辅导"这一项职能，消除执行环境中的不利因素，帮助员工快乐工作也是其中一项重要职能。

5. 承担结果

如今有一些管理者，出了问题便大发雷霆，对员工一顿训斥。训斥结束后，既没有表态，也不会给出任何意见……而是甩下一句话："烂摊子自己收拾，你们自己承担责任！"事实上，这是一种推卸责任的方式。真正的"辅导员"不仅不会推卸责任，而是会主动站起来"揽责"。管理者作为活动的组织者和监督者，出现问题与自己脱不了干系。主动承担结果，然后向员工指出错误的方向和错误的"点"，帮助员工纠错，这样才能解决根本问题。

6. 提出意见

通常来讲，员工向管理者"求助"的时候，他们希望得到正确的答案而非一阵暴风骤雨般的批评。管理者要常常保持一颗平常心，发现问题时，要对事不对人，给员工提出改善意见。就像老师给学生批改作业，在出错位置打上批语：错误在哪？以后要如何避免？学生看到这样的批语，既不会反感，而且还会感激老师。

7. 亲自示范

有些人把管理者比喻成"甩手掌柜"，工作几十年从未见识过老板的本领。而有一些老板是"技能达人"，常常在员工面前露一手。"露"并非是炫耀，而是用一种榜样的力量感染员工、影响员工。我们常常能够看到银行行长亲自挂帅去社区"扫楼"，用自己的一言一行辅导员工，向员工示范：如何做才能更加合理！事实上，"传帮带"就是通过"亲自示范"的方式延续下来的。

　　管理者就是一名辅导员，通过榜样手段来影响自己的员工，规范员工的工作行为。换句话说，只有规范自己的行为才能够规范员工的行为。

.

三、拥有服务意识

许多企业、银行的管理者都会提到"服务"二字。服务，也是商业银行的核心。许多银行凭借服务致胜，而非靠产品取胜。换句话说，服务就是一种核心竞争力。但是许多管理者会犯一种病：命令他人去服务，自己却无动于衷。首先，管理者不是"特权阶层"，他们应该是服务的组织者和提供者。其次，管理者更应该是"公仆"，为银行、股东、员工、客户提供服务。习近平总书记曾经引言：一切为民者，则民向往之。意思是说，服务才是立国之本。如果一个管理者没有服务意识，不懂得如何做服务……恐怕就会把一个银行、企业变成一个冰冷的机器，从而失去市场。

服务意识是什么呢？就是一种发自内心的、能够为他人提供热情周到服务的愿望。服务意识是一种主动意识，带着一定的主观色彩。服务意识并非遗传所得，完全可以通过后天的培养所建立。英文"服务"是"service"，

"service"的每一个子母都代表着服务的一个具体因子。S代表"smile"，是微笑的意思，给人留下微笑，就是对人的一种尊重和认可。E代表"excellent"，是出色的意思，出色的工作、踏实的工作能够体现出服务精神。R代表"ready"，是准备就位的意思，言外之意告诉我们，服务可以随时提供。V代表"viewing"，是看待的意思，能够认真看待员工和客户，并且把员工的诉求和客户的需求当成自己的事情去处理。I代表"inviting"，是邀请的意思，对客户发出邀请不仅是一种礼仪，同样也是一种服务。C代表"creating"，是创造的意思，为员工创造良好的工作氛围，为客户营造良好的体验环境，就是一种服务。E代表"eye"，是眼光的意思，以平等的眼光看待员工，以亲切的眼光对待客户，或者将眼光聚焦在客户的痛点上，为客户提供有针对性、有价值的服务。在"服务至上"的社会里，商业银行管理者更要树立服务意识，才能推动商业银行的发展。

如今，各大银行都在制定各种营销活动，目的在于拉动营销，刺激客户需求。而当下各大银行产品种类相似、功能相近，并无明显差距。想要拉开差距，抢夺市场，就需要在"服务"上面做足文章。因此，商业银行管理者不仅要树立服务意识，而且还要做好三个方面的工作。

1.情感连接

俗话说，人是有感情的动物。人与人之间的关系，也是靠感情进行维系的。举个例子：员工服务客户，并与客户建立互信互通关系，这种情感连接可以使双方的关系更加牢固。比如，父母爱自己的孩子，"爱"就是一种情感连接。银行管理者要学会以情建立连接，在员工面前要讲理、更要讲情。对下属多一点关爱，对客户多一点关心，加强情感沟通，彼此分享经验与得失。感情，能够让管理者与员工成为伙伴，让管理者与客户成为朋友。有人说：情感连接是一个枢纽，可以进行利益转换。言外之意，情感可以创造效益。情感连接，同样也是一种服务意识。

2. 甘于奉献

奉献精神是一种高尚的爱，伟大的爱，是一种对事业、他人不求回报的付出。习近平总书记讲过一句话："我们共产党人讲奉献，就要有一颗为党为人民矢志奋斗的心，有了这颗心，就会'痛并快乐着'，再怎么艰苦也是美的、再怎么付出也是甜的，就不会患得患失。这才是符合党和人民要求的大奉献。"一个甘于奉献的管理者，不能是参透真理的一种表现，而且还能向员工传递一种奉献精神。事实上，奉献值与产出值是画等号的。为员工、客户奉献一切，也就能换来员工、客户的回报。

3. 保持忠诚

忠诚也是一种宝贵的精神，同样也是一种服务意识。有一位哲人说："忠诚是人们心目中最神圣的美德。"忠诚是一种人品，一个对银行忠诚的管理者，也会表现出担当精神；一个对银行忠诚的管理者，也就能够做到公私分明。习近平总书记有句话："作为党的干部，就是要讲大公无私、公私分明、先公后私、公而忘私，只有一心为公、事事出于公心，才能坦荡做人、谨慎用权，才能光明正大、堂堂正正。"这句话放在银行管理者、中层干部身上，同样适用。

除此以外，商业银行管理者还需要提升自己的技能，磨砺自己的意志，提升自己的管理境界，开阔自己的视野，学会取舍、懂得包容，能够自觉维护银行、员工、客户的利益。只有这样，才能体现服务精神，凭借服务意识带动团队。

四、懂一点人性思维

"人性"是人最大的特点！每一个人都有自己不同的人性，人性是人与生俱来的。孟子曾经说："人性这无分于善不善也，犹水之无分于东西也。"人性有善恶之别，东方智慧是"人之初、性本善"，西方智慧是"人之初、性本恶"。不管是性善论还是性恶论，对于一名管理者而言，需要将"善"发扬光大，还需要将自己的人性闪烁出光芒。

互联网时代是一个平等共享的时代。所谓"平等"，就是大家位分相等，没有阶级差别，老板与员工的关系是一种合作关系，而不是赤裸的"雇佣"关系。所谓"共享"，就是共享工作经验和劳动成果。言外之意，互联网时代是一个"以人为本"的时代。如今，许多企业、银行提出以人为本的管理策略，尊重员工、为员工设计职业生涯、制定激励制度激励员工高效工作……这种以人为本的管理，就是一种人性化管理方式。

二十年前，有一个商业银行的管理者便采取了"以人为本"的管理方式。这位管理者制定了许多人性化的管理制度，比如为员工提供探亲休假、外出培训、职业生涯管理等制度。另外，这位银行管理者特别重视"员工福利"，比如年终奖、过节福利等。银行员工特别幸福，甚至给这位管理者取名"刘大大"！

"刘大大"有一句话："得人心者得天下！你对员工用点心思，员工也会对你、客户、组织用点心思。"俗话说，羊有跪乳之恩，鸦有反哺之义。既然动物都可以做到这种地步，人更应该要做到。事实上，这位"刘大大"通过人性化管理，不仅收获了一支敢打硬仗的银行队伍，而且还把这家商业银行管理成省十佳商业银行。

人性思维，是一种基于互联网思考方式的思维方式，它能够帮助管理者启发、收获人性，促使管理者能够从人性角度出发，实施人性化管理。人性化管理是人性思维的具体表现，当下有六种人性管理的表现形式。

1. 换位思考

有一些管理者，被称为"发号施令"的管理者，这类人几乎很难顾及员工的情绪和承受力，甚至标榜自己是"铁血管理"的践行人。事实上，这种铁血管理并不铁血，反倒让员工感到厌恶。如今，管理者应该学会换位思考，借助人性化方式去影响员工，而不是借助手段去强力改变员工。员工内心得到满足，人性得到尊重，才会更加努力去工作。

2. 建立自信

许多员工是自卑的，常常能够在工作中表现出来。举个例子：某商业银行组织活动，有的销售人员去园区扫户，忙碌一天，没能跑下一单生意，不仅精神肉体感到疲劳，自信心也受到了打击。商业银行的管理者不但没有提出批评，反而为他们竖起大拇指，肯定他们的表现。这些员工一扫今日之阴霾，在管理者的帮助下重拾信心。

3. 给予信任

人们常说，疑人不用，用人不疑。如果担心员工做不好工作，就亲自上阵！但是话又说回来，管理者亲自上阵，管理工作又要交给谁呢？因此，管理者还应该从人性角度出发，除了帮助员工建立自信之外，还要给予员工足够的信任。"你做事、我放心！"简简单单一句话，就可以让员工得到力量，这种力量也被称为"信任的力量"。

4. 信守承诺

过去有员工把自己的老板称之为"骗子大王"，"骗子大王"信口开河，从不遵守承诺。这样的"骗子大王"式的管理者，不仅管不好企业，甚至连威信、地位都没有。商业银行本就是打"信用证"的企业，商业银行管理者理应将信用的金字招牌扛在肩膀上。信守承诺是一种人品，也是一种榜样。古人言：一言既出，驷马难追。诚信，就是最好的管理武器。

5. 态度积极

有些管理者，是消极的管理者，整日给人一种忧国忧民、苦大仇深的印象。跟着这类人混，总感到内心压抑。商业银行是个团队，管理者是团队的头儿。俗话说，头儿乐观，后面的人就跟着乐观。因此，管理者本人要积极乐观，也要把这种乐观的态度传递给团队中的每一个人。有权威机构做过统计，积极员工的工作效率远高于消极员工。

6. 成为伙伴

许多管理者不能够把自己看成员工阵容中的一员，他们与员工划分界限：领导的身份、地位有别于员工。因此，有些管理者给人一种高高在上、脱离群众的感觉。但是还有一部分管理者能够把自己当成一名"员工"，与员工兄弟相称。这种管理方式，并不是"江湖散养"式的管理，而是在管理中融合了人性思维。"给老板打工"境界上就不如"与老兄合作生意"。与员工成为伙伴关系，就是对员工的认可与尊重，恰恰能够体现"以人为本"的管理理念。

　　除此以外，商业银行的管理者还要学会人性化的"冲突处理"方法，善用评估激励手段。只有这样，才能带出好团队，做好经营管理工作。

五、学一点哲学智慧

大哲学家康德在《纯理性批判》中有这么一句话："位我上者，灿烂星空；道德律令，在我心中。"意思是说，道德律令能够命令人们进行工作，而非因为它能够给人们带来好处。这是一种哲学智慧，简单的一句话就可以改变人生、驱动世界。爱因斯坦认为："谁要是把自己标榜为真理和知识领域里的裁判官，他就会被神的笑声所覆灭。"这句话是一种警告：人无树高，何言自大！如今，许多银行管理者大量学习管理知识或营销知识，忽略了对于哲学的学习。哲学是一种"万能的学问"，抑或解决关键问题的学问。佛家讲因果，种什么因，结什么果。道家讲阴阳平衡、刚柔并济、恩威并施。如果我们只学"专业"内的知识，学到最后恐怕成为"榆木脑袋"，根本不会辩证运用。

有一个小老板，他非常有志向。他开了一家酒厂，希望通过自己的努力把小酒厂变成知名的酒类品牌。为了实现梦想，他努力充电，参加各式各样的管理沙龙培训班，还报名学习MBA。除此以外，小老板特别爱好看书。不到30平方米的办公室，存了近1000本各式各样的管理学著作。小老板常常对员工说："一定要多看书，尤其是工具书。"

有个成语叫"邯郸学步"，就是一个人模仿他人走姿，最后反倒不会走路了。小老板看书不少，报名培训班也花了不少钱。但是三年过去了，小酒厂不但没有扩建，反而企业效益还在持续下滑。小老板很纳闷，他自言自语："这么多先进的管理理念，为何就派不上用场呢？"

后来有一位业内资深人士一语道破天机："你这完全就是邯郸学步啊，任何学问都需要辩证处理，才能为你所用。"小老板终于意识到：学以致用才是出路；学不致用，只能给自己添堵。

康德在《纯粹理性批判》中还有一句名言："在人类认识自然的过程中，不是事物在影响人，而是人在影响事物。是我们人在构造现实世界，在认识事物的过程中，人比事物本身更重要。我们其实根本不可能认识到事物的真性，我们只能认识事物的表象。"事实上，管理者对管理事物的影响也是如此。因此，商业银行管理者要多学习、感悟一些管理哲学智慧，才能掌握哲学辩证法，激活那些"死理论"。当下常见的管理哲学观点有以下几种，供银行管理者参考。

（1）人有一种能力，不是自我开发智慧，也不是为银行创造多少效益，而是"自省"。"自省"是一种自我掌控的力量，比如克制欲望、抑制冲动、三思而行等。"自省"是一种智慧，同时还是一种优秀的管理品质。

（2）形成一套管理理念，这套理念可不是书本上学来的。它涵盖制度理念、激励理念、人才理念、利益理念在内的多种理念。换句话说，这套管理理念可以用一句话来概括：重视"人力"，把"人力"当成最有价值的银行资源。

（3）过去中国人有一种智慧，叫"攘外安内"。"攘外安内"是什么意思呢？就是安定内部，排除外界隐患。这种智慧，可以帮助管理者打造成一支有战斗力的团队。许多企业家都有一个共识：和谐的企业环境是员工工作的保障。事实上，"安内"与"攘外"要同时进行，不可分开处理。

（4）做人做事要圆滑，管理更要灵活多变。华为总裁任正非把竞争对手看成大象，而把华为比喻成老鼠。如果老鼠"保守"，坐以待毙，就会被大象踩死；如果老鼠"机灵"，能够转变一种思路，就会钻进大象的鼻子，从而击败强大的对手。

（5）放下对欲望的追求，时时保持"清心"。经营之父稻盛和夫有一句话："所谓今生，是一个为了提高身心修养而得到的期限，是为了修炼灵魂而得到的场所。人类活着的意义和人生价值就是提高身心修养，磨炼灵魂。"如果一个人的心灵得到历练，就会提升管理境界和管理水平。

（6）下围棋的人都知道，一盘棋结束之后，不会立刻进入下一回合的比赛，而是进行"复盘"。"复盘"是一种管理思维，通过"复盘"找到自己存在的问题以及对手存在的薄弱环节，制定有针对性的战略战术。联想集团董事会主席柳传志认为："复盘至关重要，通过复盘总结经验教训，尤其是失败的事情，要认真，不给自己留任何情面地把这个事想清楚，把事情想明白，然后就可以谋定而后动了。"

（7）"复杂问题简单化"是一种智慧。银行管理者或多或少都会遇到棘手的管理难题。遇到问题，要沉着应对，不要悲叹、不要消沉。就像稻盛和夫所言："越是错综复杂的问题，就越要根据简单的原理和朴素的思想进行判断和行动。我想这是拨开云雾见南山，直接洞悉事物本质和解决问题的最佳方法。"

除此之外，银行管理者还要理性对待成功与失败，提高自己的"去污能力"。对待自己的员工，既要坚持制度管人，又要适时打感情牌。管理无常法，管理者想要带领银行突出重围，就要多学一点哲学观和辩证法。

六、对事不对人的管理

每个人都有自己的喜好和偏爱。有时候喜欢一个人或者怨恨一个人，似乎是毫无理由的。有人对另外一个人怀恨在心，但是又说不出缘由，便说："我就是看他不顺眼而已！"人是一种很奇妙的动物，有七情六欲，因此也会爱憎分明。但是作为一名管理者，就需要掂量一下爱与恨。

有一家商业银行，行长姓关，人们称他为"关行长"。关行长的脾气是出了名的，可谓一言不合就拍桌板。有一次，一名柜台女员工因为经期头疼，没有做到"微笑服务"，被顾客投诉了。关行长不分青红皂白，对着女员工就是一顿批评，而且反复强调："不管如何，都要做好工作！"

女员工很委屈，下班之后对朋友发牢骚："关行长太不近人情了，根本就是对人不对事嘛！"

这位关行长也是振振有词，他解释："事都是人做的！事情做不好，一定是人的问题！我的批评，很有针对性！我不觉得自己哪里有问题。"

因为关行长的这种管理风格，许多人都怕关行长。甚至有人在背后给他外号，称呼他为"关阎王"。许多人托关系想调走，还有一些人根本不敢来。关行长算是名声在外了。

对人不对事的结果，是伤人伤事；对事不对人，结果完全相反。聪明的领导会针对一件事情发火，然后用教育、引导的方式对员工进行纠错。既给了员工面子，又起到了管理效果。心理学家武志红在《每一种孤独都有陪伴》一书中写道："支配者还可大致分为两种类型：赤裸裸的支配者，他们甚至不愿借用'我对你好'这个借口，而是直接表达这一信息，'你必须听我的，否则我会让你付出代价'；温情的支配者，在表达支配欲望的时候，他们会使用'我是为了你好'这一借口。"文字中的"支配者"，我们可以看成商业银行的管理者。通常来讲，管理者手里有相当大的支配权。如果过分将权力集中在某一个人身上，就会把这个人击垮。

畅销书《追风筝的人》中有这么一句话："尊严受伤了会痊愈，可是名誉毁了就不再有清白。"对人不对事，完全是一种"损害名誉"的事情。如果管理者足够聪明，意识到问题的严重性，就会选择更加温和的处理方式。举个例子：有一个老师对大多数学生做错同一道考试题而大动肝火，他没有埋怨学生，而是再次强调解题的方法或强化训练的好处。后来有一个学生主动站起来，向老师低头承认错误："老师，我没有认真学习，下一次绝不会辜负你的希望。"这位老师真是一个聪明的老师，能够让学生主动意识到错误，也就能从根本上解决问题。

另外还有一类管理者，完全是"老好人"。这类管理者，会像"和事佬"那样调解人与事的关系。通过一种"推拿"手段，让员工感受错误。如果这种"推拿"力度恰到好处，便能起到不错的效果；如果这种"推拿"力度不够，反倒让员工"鄙视"。"和事佬"的做法，非常考验一名管理者的"推拿"火候。至少大多数管理者是无法掌控"推拿"力度的。也就是说，管理者不要为了一团和气而做"老好人",有时候不但压不住局面,还会让管理失控。最聪明的做法就是将人和事分来。人是人,事是事。对待事,要认真、严肃,不打马虎眼、不蒙混过关;对待人,不要借题发挥损人自尊,更不能上纲上线发泄自己的情绪。

任何事情都可以通过沟通解决。如果一旦出了问题,商业银行管理者应该在第一时间内搭建起沟通渠道,与当事人建立面对面的沟通关系。通过沟通,让当事人发现错误、找到纠正错误的方法,不但能够解决问题,也不会伤害上下级关系。所谓"沟通纠错",其实就是一种换位思考下的问题解决方式。古人言:自出洞来无敌手,得饶人处且饶人。如果一名管理者能够放下内心的偏见,大度兼容,则万物兼济、百事顺心。

七、善于"调兵遣将"

　　经典电视剧《西游记》中有这么一幕场景：孙悟空大闹天宫，玉皇大帝调动各路神仙迎战孙悟空，依旧铩羽而归……最后只能靠如来佛祖将其压入五行山之下。这里有一个疑问：是孙悟空战斗力太强？还是玉皇大帝调兵能力有限呢？如今，我们看到一些企业、银行，兵强马壮，要资源有资源，要人才有人才，却干不出成绩，问题到底出在哪里呢？还有一句俗语：兵熊熊一个，将熊熊一窝。如果一个管理者平庸至极、毫无"调兵遣将"的能力，不但无法"领兵打仗"，甚至连管理角色都无法胜任。

　　管理者的最大职能并非是"管理"，而是"组织"。参加干部培训的管理者都知道，培训课的第一堂课就是"组织"。组织人事是一种组织，组建队伍、组建班子是一种组织，组织一项活动是一种组织。管理离不开组织，组织是管理的核心和灵魂。我们把这种能力，称之为"组织能力"。组织能力不是与生俱来的，可以通过后天可得。管理大师德鲁克认为："管理者应当学会有效地组织与安排各项工作。在部门内形成一种协作、团结、向上的氛围。这个时候每个人的能量才能得到最佳发挥，这也正是你所需要的。"那么，我们应该如何提高"组织能力"呢?

（一）要培养组织意识

意识不同于能力，但却能够将意识转化为能力。就像一个具有危机意识的人，他们才能够提前做出有针对性的对策。习近平总书记曾在会议中讲道："全党同志必须强化组织意识，时刻想到自己是党的人，是组织的一员，时刻不忘自己应尽的义务和责任，相信组织、依靠组织、服从组织，自觉接受组织安排和纪律约束，自觉维护党的团结统一。"这一段话有一个关键词"强化"！强化是一个过程，是循序渐进、逐渐加强的。管理者与日常组织过程中，要学会两项"强化"技能，一项是学会配合别人的工作，另一项是如何学会"为人处世"。配合与"为人处世"，是锻炼、强化组织意识的基础。配合是组织队伍的核心，为人处世是组织沟通的保证。如果管理者能够"苦练"两项技能，就能够逐渐培养起组织意识，并产生组织能力。

（二）要沟通三种关系

我们常说，组织管理工作80%的时间是在做沟通工作。甚至有企业家认为：管理就是沟通、沟通、再沟通。三种"沟通"，就是三项具体的工作。做好沟通，处理好三项关系，就能为组织开展工作打下基础。

1. 与上级沟通

对于商业银行的管理者而言，可以用"上有老、下有小"来形容。上面有领导，中间有同事，下面有员工。与上级沟通，管理者要学会尊重权威、服从命令；凡事以大局为重，不计较个人得失；认清自己的角色，摆正自己的位置；能够做好"中流砥柱"，为上级领导分忧解难；要言出必行，在上级面前做"行动派"；要敢于承担责任，敢于担当，甚至有"背黑锅"的精神；守口如瓶，不做违反承诺的任何事。只有这样，才能处理好与上级之间的关系。

2. 与同事沟通

所谓"同事"，就是自己的平级。如果能够处理好同事之间的关系，才能做好"联动"工作。与同事沟通，管理者要学会以礼相待、尊重他人；戒骄戒躁，低调做人；谦虚谨慎，能够接受良言；大肚能容天下事，不要心生嫉妒；不揽功，不推责，能够实事求是，明辨是非；能够坚持沟通与聆听，分享各自的经验和看法。只有这样，才能处理好与同事之间的关系。

3. 与员工沟通

如果说管理者是商业银行的大脑，中层干部是商业银行的神经，员工则是商业银行的具体执行者。员工是企业、银行的"主力军"，离开了员工，就无法组织开展工作。与员工沟通，管理者要学会尊重员工，不要戴着有色眼镜评价员工；要坚持公理公道，做到一视同仁；鼓励员工，给员工打气，做到真诚相待；知人善用，给予员工足够的信任，适当授权给员工；能够为员工起到领导带头作用，发挥骨干力量；坚持"对事不对人"的沟通管理方式；严格要求员工，更要严格要求自己；言而有信，对员工的承诺要严格落实；关爱员工，"护犊情深"是一种智慧和策略；关注员工的感情变化，及时给予科学引导；为员工搭建互信互助平台，与员工建立沟通互信基础。只有这样，才能处理好与员工之间的关系。

处理好以上三种关系，就能净化商业银行的组织环境，为开展组织工作做好准备。另外，组织的核心就是沟通与调配。

通过上面两种方式，商业银行管理者就可以培养并建立组织能力，为活动开展、项目推行打下坚实基础。

八、发挥领导带头作用

有一个成语叫"以身作则"，意思是自己率先做出榜样。《论语》中有这么一句话："其身正，不令而行；其身不正，虽令不从。"后来习近平总书记也借用这句话强调党员干部要身先士卒、率先垂范，发挥模范带头作用。对于一个银行而言，行长就是银行的"火车头"。俗话说，火车跑得快，全凭车头带。如果一个管理者消极懒散，又如何率领队伍攻坚克难呢？

南方有一家商业银行，行长老李就是一个喜欢践行实践的人。银行举办联动营销活动，他不仅一手组织策划活动，而且还与员工在活动前沿共同战斗。

老李身穿统一的活动着装，看上去与其他工作人员没有任何不同……只不过他岁数大一点，资历老一点，工作经验更加丰富一点。活动现场，如果有员工应付不了客户，他就会主动顶上去。他会告诉员工："服务需要大家有耐心、包容心和诚心，遇到事情不要慌张，更不要退缩，要敢于胜任自己的角色。"老李身体力行，用自己的实践为员工树立榜样。员工看到老李的应对方式，既沉稳又老练，简单几句话就能搞定客户。有人给老李起了一个外号，叫"活字典"！也就是说，银行里的大小事，没有他解决不了的。许多员工跟着他学会了不少高招、妙招。

园区营销，老李也是冲锋在前。老李对员工讲："营销嘛，就是两天腿跑出来的。如果我们的腿比别人勤快，别人不去的地方我们去，别人不跑的市场我们跑，我们就能比别人干得好！"银行上下非常敬佩老李。在老李的带动下，这家商业银行不但成功举办了公私联动营销活动，而且还成了省模范银行。

另外习近平总书记还说过一句话："衡量一名共产党员、一名领导干部是否具有共产主义远大理想，是有客观标准的，那就要看他能否坚持全心全意为人民服务的根本宗旨。"这句话告诉我们，发挥带头作用是检验一名管理者是否合格的重要标准。通常来讲，商业银行管理者要发挥"四个"带头作用。

1. 带头廉洁

俗话说，风成于上，习化于下。管理者的行为是引领风气的主要力量。还有一句话是"上梁不正下梁歪"，如果一个干部带头腐化堕落，这个组织也会染上腐败的疾病，变成腐败的温床。如今，商业银行面临竞争压力与道德风险压力，更需要管理者带头抓廉政建设。带头抓廉政工作，需要管理者做好三件事。

（1）抓纪律：腐败是一种违反纪律、法律的行为，因此管理者要严抓纪律建设，只要触碰到纪律底线，就要严格按照相关制度去处理，决不能徇私舞弊。

（2）抓责任：很多人走上腐败道路，是因为责任感下滑造成的。管理者不仅要严格要求自己，还要帮助员工树立责任意识。

（3）抓风气：当下中国的商业银行的管理者，有党员身份。在银行体系内抓党风建设也是非常重要的。

2. 带头学习

有这么一种现象，一些企业、银行的管理者经常督促员工学习，强调学习的重要性……甚至还在搭建学习型银行。但是自己却不思进取，原地踏步。还有一些管理者认为："管理者做好决策，其他方面需要员工执行。"言外之意，自己不学习也是可以的。中国有句老话，学无止境。学习是保持自身竞争力的唯一方式。如果管理者的"脑壳"过时了，意识落后了，如何才能跟上形势做出正确决策呢？因此，广大的银行管理者不要报以侥幸心理，更不要认为"学习"是别人的事情。毛主席也说过一句话："学识是无穷尽的，要活到老学到老。"用知识改造自己的大脑、武装自己的大脑，才能提高自己的管理能力。

3. 带头自律

银行是一个与金钱打交道的部门，看到的"金钱"越多，人的精神越容易出轨。古人有句话，叫"三省吾身"。"三省吾身"是什么意思呢？《论语》中是这样写的，"曾子曰：'吾日三省吾身；为人谋而不忠乎？与朋友交而不信乎？传不习乎？'"所谓"三省"，就是做人要讲诚信、做事要尽心尽力。另外，古人还讲"三慎"。什么是"三慎"呢？"三慎"即慎始、慎独、慎微。慎始，就是坚决防住第一道"闸门"，不开口、不松动；慎独，就是要谨慎自己的言行；慎微，就是要有防微杜渐的意识。管理者带头自律，防止自己思想变质、意识出轨，带头为员工树立良好的形象。

4. 带头行动

前面我们讲述的故事，就是领导带头行动的故事。带头行动，能够起到"学高为师、身正为范"的作用。另外，带头行动还是一种坚持岗位、敢于担当的表现。管理者是一名领导，"领导"二字即"领"与"导"的结合。"领"，就是率领；导，就是引导、指导。从字面上解释，领导就需要冲锋在先，为员工做好表率。

　　除了上述四点，商业银行管理者还要带头接受组织监督、带头去抓思想文明建设，更要做到"三思"、"三知"、"三守"。只有这样，才能带领银行走向创新之路、繁荣之路。

第
六
章

公私联动对客户经理的要求

一、具备良好的工作心态

大诗人泰戈尔在《诀别之夜》中写过这么一段话："幸福这东西就像星星一样，黑暗是遮不住它们的，总会有空隙可寻。我们在人生的历程中，不管犯了多少过错，产生过多少误解，然而，在过错和误解的空隙之中，不正闪烁着幸福之光吗？"有时候，人们能够在悲剧中收获勇气，在困境中收获勇敢，在不幸中收获坚强。如果一个人有良好的心态，就能乐观起来，感受到幸福。就像雨果在《悲惨世界》里的一句话："笑，就是阳光，它能消除人们脸上的冬色。"

乐观的心态，同样也是一名银行客户经理具备的素质。有一个权威做过一个统计，50%的客户经理在第一次营销挫折后选择退缩；20%的客户经理在第二次营销挫折后选择放弃，15%的客户经理在第三次营销挫折后选择离去；10%的客户经理在第四次营销挫折后选择退缩，只有5%的客户经理能够坚持到第五次营销，甚至是越挫越勇。并不是说越挫越勇是一件好事，而是强调心态的重要性。心态好的人，不怕挫折；心态不好的人，就会被挫折俘虏。

有人说，心态决定人生。纵观世界，我们发现：成功人士大多拥有良好的心态和乐观积极的生活态度。78%的成功人士没有任何不良嗜好，他们热爱生活，关注健康，能够积极面对各种问题。几年前，金融海啸让一位企业家倾家荡产；金融海啸过去之后，这位企业家像创业时期那样满含激情，用五年时间再次拥有亿万身家。事实上，好心态可以后天养成。如果我们坚持科学的训练和对目标的追求，就能养成好心态。

1. 关注自己的愿景

愿景是什么？就是一种描绘愿望的场景。或者说，愿景就是人们的愿望和理想，它可以像信仰那样督促一个人走向成功。许多人虽然有自己的愿望和理想，但是遇到挫折，自信心就会受到打击。因此，我们要学会时刻关注自己的愿景，让自己对自己的理想和愿望始终保持一种渴望状态，把挫折看成一种历练，把压力转化成一种动力。

2. 敢于主动发言

曾经有一个学校，老师在安排位次的时候，会把调皮的、外向的孩子安排在前面，把老实的、内向的孩子安排在后面。老师提问问题，总是前排的孩子举手回答，后面的孩子却一直没有勇气举手。后来，老师与内向的孩子聊天，问他们为什么不想回答问题？是不知道答案？还是不好意思回答？内向的孩子说，担心回答错了挨老师批评！老师给他们打气，让他们尝试主动回答问题。后来，后排的孩子也开始举手回答问题……甚至有些孩子要求换到前排上课。敢于主动发言，能够克服自卑的心理障碍，为自己打开一扇积极乐观的心灵窗户。

3. 常常"自省"

自省也是一种非常实用的方法。著名的社会活动家季米特洛夫说过一句话："要找出时间来考虑一下，一天中做了什么，是正号还是负号，假如是正号很好。假如是负号，那就采取措施。"时常做自我省察，反省自己，调整自己。比如，常常问一问自己：你是不是太过娇气？你是不是脾气很坏？你是不是习惯性的哀怨连连？你是不是已经接受了失败这一事实？如果我们能够给予自己正确而积极的答案，就能借助反省的力量从失败的泥潭中挣脱起来。

4. 加快工作节奏

我们常常在紧张忙碌的工作场景里，看到一些表情坚毅、健步如飞的成功人士，他们不仅自信，甚至像一个刚刚上满发条的钟表在高速运转。有些人发现，加快自己的步伐和工作节奏，适度给自己一种"紧张感"，更能够让自己处于一个良性运转状态。在这样的工作状态下，客户经理可以养成良好的工作习惯，让自己变得更加干练、主动。

5. 寻找"乐子"

大作家爱默生认为："快乐就像香水，不是泼在别人身上，而是洒在自己身上。"在单调、枯燥的工作生活里，人们会很容易失去对工作的渴望和乐趣，甚至逐渐心生厌倦。人们厌倦了工作，就会产生一些坏情绪。对于那些出现"苗头"的人而言，如何才能找回往日的激情呢？有人说，人们需要找一些"乐子"！"乐子"不是消遣，而是一种快乐因子。比如培养一点高尚的、有情趣的爱好，再比如参加社会公益活动等。有了兴趣和爱好，就能让自己的灵魂保持湿润，并拥有持久的、积极的乐观心态。

除此以外，客户经理还可以锤炼自己的胸怀，让自己拥有包容一切的能力；还要学会给予自己积极的"心理暗示"，在困境中对自己说：你能行！罗曼·罗兰有句话："我们的幸福与否，决不能凭借我们获得了或者丧失了什么，而只能在于我们自身怎样。"

二、具有识别客户的能力

古代时期，某地区遭受连年灾荒，致使许多人流离失所选择外出逃荒。其中有一群逃荒者来到南方某重镇，便停了下来。有一个叫王五的逃荒者，他的"讨饭"本领十分了得。其他逃荒者只能讨一碗薄粥，唯独王五可以讨来干粮。

有人问王五："怎么你每一次都能讨来干粮？是不是踩了狗屎运了？"

"我不是一个迷信的人，怎么会踩狗屎运呢？或许，是我会挑人吧！"王五给出答案，但是其他人将信将疑。为了找到答案，逃荒者选出一个人跟王五一起去讨饭。

第二天，王五端着碗出现在一个客栈门口。这个客栈生意很旺，住客络绎不绝。此时，王五看到一个身穿丝绸、手拿折扇、腰间挂着玉佩的人走过来，便拦住了他的去路，向他乞讨。这个人为了摆脱王五的纠缠，直接从袖口里掏出一吊钱丢给王五，王五赶紧把钱捡了起来。不久之后，一个面相慈善的阔太走进客栈，又被王五拦住。阔太见王五可怜，便走出客栈给王五买了几个包子。跟王五一起乞讨的逃荒者对王五竖起了大拇指："你真行！"

后来，王五在客栈这一带乞讨出了名，有一位富商想要见见他，看看他有什么特别本领。王五觉得"咸鱼翻身"的机会来了。于是便来到富商府上，与富商交谈。交谈过程中，富商发现王五有一种"识人"本领，这种本领能够帮助富商打理生意。富商慧眼识珠，就将王五留在府上，让王五帮他跑腿。

不久之后，富商的生意日渐好转。富商翻开账本，发现自己多了许多笔新生意。富商问王五，王五如实地交代：将商品买到了某某地区，卖给了某某人……富商非常高兴，进一步提携王五，并给王五一定的权力。

几十年后，王五接过了富商的生意，也成了江南重镇屈指可数的富商。

这个故事，是一则"乞丐识人"的故事。所谓"识人"，就是能够从万千人群中找到最有价值的那一个人，然后从这个人身上获得好处。后来王五凭借自己的辨识人的本领，成为一名成功的销售经理，并逐渐走上管理岗位。对于商业银行的客户经理而言，更需要具备这样一种能力。那么银行客户经理如何才能具备这样的本领呢？

1. 学会自我营销

俗话说，王婆卖瓜，自卖自夸。推销产品，绝对是一项本领。但是对于商业银行营销而言，采取"王婆卖瓜"叫喊式推销就不灵验了。想要吸引客户的注意力，就需要学会自我营销。

（1）穿衣打扮要庄重，言谈举止要有礼貌。一个人，可以长得不漂亮，但是一定要有一种气质。在向客户介绍产品或者进行自我营销时，目光要坚毅、自信，不要游移不定。说话语气要铿锵有力，给人一种庄重感。

（2）自我营销过程中要逻辑严谨，有理有据，不要露出破绽。对不了解银行产品的客户，要以讲解为主；对银行的老客户，要以维护为主。总之，

"见人说人话、见鬼说鬼话"这等本领也要掌握一点，可以抓住客户的兴趣，留住客户的脚步。

（3）在推介过程中，要对商业银行组织表现出高度的热忱和信任。有些客户经理非常"诚实"，会把贵行存在的问题一五一十地说出来。但是这种"诚实"并不能换来客户的信任，反而会加速客户离开的脚步。

2. 分辨客户类型

银行客户经理在自我营销过程中，要对每一类型的客户进行观察，比如客户的年龄结构、学历水平、言谈举止、收入状态、认知水平以及个人气场、个人偏好等。通常来讲，客户类型有和气型、沉默型、唠叨型、骄傲型、刁难型、暴躁型等。对客户进行分类，并总结出针对性的应对策略。比如针对唠叨型客户，银行客户经理要将"推销话语权"紧紧抓在自己手里，防止唠叨型客户彻底打开话匣子而延误推销时机。

3. 了解客户需求

客户需求是转化营销价值的基础，因此银行客户经理要把了解客户需求放在重要位置上。通常来讲，了解客户需求的方式有两种：询问和倾听。询问法，就是客户经理能够从客户角度出发，结合客户痛点，有针对性的向客户进行提问，引导客户说出自己的需求。倾听法，则是通过倾听客户的心声以及对客户银行产品的理解，然后根据客户意图向客户推介相关产品和服务。

4. 加强沟通工作

沟通是老生常谈的话题，营销过程就是一系列的沟通过程。沟通是一项很重要的营销技能，需要银行客户经理通过自学、培训等方式提高沟通的技能、掌握沟通的技巧，借助沟通武器，挖掘客户的需求。高效沟通有三个特点：抓住客户的兴趣，抓住客户的利益，抓住客户的信任。俗话说，沟通是互信的桥梁。通过高效沟通与客户建立信任关系，才能把产品卖给客户。

识别客户是营销人员的看家本领。这种本领虽有"遗传特性"，但是通过自己的后天学习也可获取。对于商业银行客户经理而言，锻炼、强化这种技能是非常有必要的。

三、具有挖掘人脉的能力

如今，许多人都在经营自己的"圈子"。"圈子"是什么？就是一个人的朋友圈、社交圈。在这个圈子里，人们希望能够得到共享和交换，包括利益共享、情感共享、社交共享等。朋友圈越大，人获得的能量也就越大；朋友圈质量越高，人们获得的利益也就越多。换句话说，经营圈子，就是拉关系、拉人脉。

美国有一家老牌商业银行，经过金融危机的冲击，这家商业银行业务被压缩了几近一半。为了恢复元气，这家商业银行高薪挖来一个高管。这位高管其貌不扬，并无傲人的学历，但是却有传奇版的职业经历。有人对其产生怀疑："就他，能行吗？"

这位高管上任之后，便开始大量的"走动"工作。所谓"走动"，就是拜访客户、盘活营销。不到一年时间，这家商业银行便恢复了75%的元气；又过了一年，这家商业银行竟然从病入膏肓的状态完全康复了。这时候人们才发现，这位高管就是玩"圈子"高手，营销成绩完全靠自己的人脉搞定的。

俗话说，关系就是效益。尤其在中国，自古以来就有"关系学"。人们常说：在家靠父母，出门靠朋友。貌似谁的出身好、谁的朋友多、谁的人脉广，谁就能够运筹帷幄，成就一番大事业。这个时代，似乎成了一个"拼"的时代，有人拼爹，有人拼朋友，有人拼关系，有人拼学历……虽然"拼爹"不是好现象，但是这个社会依旧是拼人脉的社会。对于有人脉的人而言，要维护好自己的人脉；对于没有人脉的人而言，要想尽办法挖掘人脉。银行客户经理需要掌握获取人脉、挖掘人脉的方法，才能积累起人脉，玩转"关系营销"。

1. 给予恩惠

中国有句很场面的话：为朋友两肋插刀！透过这句话，可见说话的人多么仗义。还有一句是：路见不平、拔刀相助。当然还有一句更应景的：既要锦上添花，又要雪中送炭。举个例子：某商业银行客户经理在拜访客户的时候，某客户因为一套方案犯了困难。客户经理看到客户焦头烂额，便大胆向客户支招，结果问题迎刃而解。客户非常感激客户经理，便豪爽签下第二年的"企业—银行"合作协议。如果能够给朋友、客户恩惠，或者帮助，就能收获客户的信任和感激。有了这层关系，客户"报恩"就是迟早的事。

2. 强调好处

古代有一种"江湖骗术"，叫蒙骗法。就是强调给人好处，让人心动并上当受骗。虽然这是一种违法犯罪的伎俩，但是也有我们值得借鉴的地方。许多人发现，快速发展人脉的方法就是对他人承诺好处。举个例子：只要客户购买某某理财产品，可以确保每年5%的稳定回报，这样的回报率虽然不及股票，但是风险比股票小很多。如果这样的"好处"能够引起客户的兴趣，客户就会坐下来与你沟通、谈判。人是一种趋利动物，只要对自己有好处的事，为何不能合作一下呢？事实上，80%的人脉资源都是通过这种方式获取的。

3. 利益交换

有一个孩子之间的故事：一个小女孩看到一个小男孩手里有一根橡皮筋，便问小男孩：这根橡皮筋真好看，能送给我吗？小男孩摇摇头说：不送！为了得到橡皮筋，小女孩问小男孩：你怎样才能送给我？小男孩说：除非你拿糖块换。于是小女孩从家里取来糖块，换了小男孩的橡皮筋。两个孩子皆大欢喜，并且成为两小无猜的朋友。一个简单到极致的例子，却告诉我们一个获取人脉的好方法：利益交换！如果想要拿下客户，就需要客户经理提前准备好方案和服务去交换客户的人脉和手里的合同。如果客户从中受益，也就会拿出诚意与你交流下一步合作的事宜。

4. 维护沉淀

有这样一句话，罗马城不是一天建成的。人脉关系也是如此，需要长时间的沉淀。有一个著名企业家谈自己的成功，用了两个成语：厚积薄发、水到渠成。那些没有建立人脉的人，大多数是一些"半途而废"者。如果一名银行客户经理对客户进行长期维护，多一点耐心和细心，就会与客户建立深厚的友谊，逐渐形成一种稳定的人脉关系。

值得提醒的是，有一些"人脉"是毫无价值的。人们发现，有一些人聚在一起的目的，只是为了吃喝玩乐，只要关系切身利益，便跑到十米之外指着你的鼻子喊：我不认识你！对于这类人，银行客户经理也就无需维护了。也就是说，狐朋狗友、酒肉朋友均不在此列。另外，人脉并非是"万能"的。互联网时代，真正需要拼的是个人综合实力。只要自己足够强大，就能建立起人脉！

四、具有营销服务组合能力

有人说，营销能力是一种综合能力，它能够展示一个人的综合特点。如果剖析一个简单的、成功的营销案例，我们会发现，它需要银行客户经理要具备以下本领：善于服务、善于沟通、善于观察、善于总结、善于寻找时机、善于转化等。无数个"善于"，也会让营销工作变得极具挑战。因此我们看到了呈现两极的答案：世界上最简单的工作是营销；世界上最难的工作也是营销。

答案为何呈现两极性呢？说它简单，是因为任何人都可以成为一名推销员。简言之，街头卖菜也是一种营销。说它复杂，世界上最著名的企业都会犯"营销"病，无法把营销做到位。换句话说，营销属于一种门槛很低、但是做精很难的一种职业。银行营销不是一件简单、轻松的工作，它常常让客户经理们叫苦不堪："客户为何这么难缠？客户为何迟迟不下订单？客户……"十万个为什么出现在他们的脑袋里，如何才能找到解决问题的答案呢？说简单也简单，说复杂也复杂。一名优秀的银行客户经理需要具备营销服务组合能力，就是将营销与服务进行结合，制定出客户最满意的服务形式。营销服务组合能力有四种"能力"组成，分别是：情报能力、推销能力、服务能力与维护能力。

1. 情报能力

收集情报工作，对开展营销活动十分有必要。举个例子：某商业银行开展公私联动营销，某业务小组计划用三天时间在某社区做活动。为此，业务小组组长组织人员对进驻社区的相关工作进行安排：某某负责与社区管理人员联系，确定活动地点；某某负责对社区住户进行调查、分析，确定活动实施方案；某某负责对社区周边竞争对手的情况进行摸排……该商业银行业务小组用了三天时间进行情报处理等相关工作，其目的就是实施精准营销。收集情报，就是为了知己知彼，制定有针对性的战略战术。如果一名银行客户经理能够提前探明客户的潜在需求和利益所在，就能够提供更加明确的服务。

2. 推销能力

营销，就是一种推销。将银行产品推销给客户，才能完成整个营销工作。推销是什么？它包含策略和营销话术。曾经有一个卖皮带的年轻人，他在街边举着喇叭，唱着一段用rap改编的"皮带"宣传语，吸引了大量路人驻足。不到一天时间，这个年轻人就卖掉了150条皮带。还有一个卖蜂蜜的年轻人，他则是采取让别人"体验品尝蜂蜜"的方式，推销自己的产品……短短几天，便把从老家带来的10箱蜂蜜销售一空。不得不说，这样的推销能力令人震撼。本质上讲，这种能力是与生俱来的，就像人咿呀学语那样。但是我们还需要从这些与生俱来的天赋中进行提炼，从中找到更加有效的技巧。比如现实中流行的技巧：言辞的渲染力、幽默的表达力、抓住消费心理的语言展现力。还有一些优秀的推销员会借助一些肢体动作，把最擅长、最亲切的一面展现给客户。前面我们介绍了一种自我推销的能力，在推销商品的时候向客户推销自己的人品，是同等重要的事。

3. 服务能力

服务能力是一种高贵的能力，它能够体现人最宝贵的品质。服务是发自内心的，借助一种服务意识去推动的。为客户提供服务，客户能够从服务中受益……事实上，服务也是一种营销能力。就像那些"服务行业"，通过服务输出，换取服务价值。那么如何才能将这种服务能力彻底展现出来呢？有三个方式。

（1）借助道具：服务道具有很多，比如营销活动场景布置、服务设备的摆放等，借助服务道具，提高服务的便利性和客户的体验性。举个例子：给客户提供一张沙发远比提供一张马扎要好。

（2）借助活动：许多人喜欢参加各种各样的活动，活动可以让服务方式更加有层次和色彩，不会令人感到枯燥。因此，银行客户经理可以为客户营造一种活动氛围，让客户既参与了活动又享受了服务。

（3）借助时间：有时候，高质量、长时间的服务，会改变一个客户的想法。举个例子：某商业银行客户经理长时间上门服务一名身体不好的老年客户，这名老年客户深受感激，后来将所有的积蓄交给这位客户经理打理。

4. 维护能力

关系维护，也是一种服务与营销的体现。许多企业、银行营销做得到位，是关系维护做到位了。因此，商业银行客户经理要有一种客户关系维护意识，在关系维护方面做足工作。维护能力也是一种人际交往能力。这种能力是营销能力的组成部分。在维护关系过程中，客户经理们要坚持客户至上、刚柔并济、诚实守信、互惠互利、善始善终、运筹帷幄的原则。只有这样，才能把关系维护好。

除此之外，商业银行客户经理还要多一点耐心、多一点诚心、多一点热心、多一点恒心……才能进一步提高营销服务综合能力。

五、具有联动配合能力

公私联动是一项"联动"营销活动，需要每个部门、每个人都要配合、发力。才能取得业务成功。换句话说，公私联动是一项集体运动，需要银行客户经理要具备团队精神和相应的组织协调能力。

北方有一家商业银行，组织开展公私联动活动，并专门成立了一支营销服务团队。为了推动公私联动项目发展，该银行将营销任务进行细分，每一个人都有自己的工作。其中，有一个客户经理小孙，他主要负责客户引流工作。小孙说："客户引流是一项重要工作，把客户群进行分类，然后分别让其他客户经理为他们进行一对一服务。"

过去，商业银行大堂经理的其中一个职责就是对客户进行分流。从事一段时间分流工作的小孙倍感压力很大，他认为："公私联动项目让自己必须要承担起相应角色，才能完成自己的使命。"为了做好自己的工作，他不但向有经验的老同志取经，而且每天晚上都会与其他客户经理进行沟通、协商，如何把客户引流工作做得更加到位。

与此同时，个金战线上的小李与对公战线上的小赵也是如此……原本是各自管理各自的"摊位"，如今却要取长补短、相互补台、相互借鉴。银行行长在活动中始终强调"团队协作"的重要性，团队中的每一个人如同机械表中的零部件，保持高度集中状态。正是凭借这种团队凝聚力和相互之间的默契配合，这家北方商业银行打响了公私联动营销，取得了首季开门红。

首先，银行客户经理需要了解一下团队协作的重要意义。只有明确了意义，才能逐渐培养团队合作意识。

（1）团队力量是1+1＞2的力量。就像拔河，十个人共同发力，将力量集中在一条线上，就会形成一种力量加成。因此，一个人永远无法像一个团队那样具备强劲的、持久的战斗力。最简单的案例：一支单兵作战能力强的篮球队无法战胜一支打团队篮球的篮球队……因此，每年NBA篮球赛都会有这样一支打团队篮球或者兄弟篮球的球队杀入总结赛。

（2）团队协作的本质是无私奉献。以篮球为例，每一名球员都在围绕最佳进攻机会展开篮球配合和传递，而不是盲目进行投篮。只有把球交给机会最好、命中率最稳定的"点"，才能转化为进球。公私联动营销也是如此，每个人都要无私奉献，才能激发出团队的力量。

（3）团队协作是一种取长补短的行为。俗话说，金无足赤，人无完人。在团队中，每个人可以拿出自己的长处，发挥自己的长处……自己不擅长的，完全可以由其他人去"补充"。因此，我们说，团队协作就是一场相互补台的大戏！在团队中，人人都可以是主角，人人也都是配角。主角与配角，也是相互合作的关系。正因为这种"取长补短"，才能够让团队发挥出1+1＞2的力量。

（4）团队协作是一种抱团、互助。有一个经典电影叫《兄弟连》，兄弟连是一支伟大的团队。前面的兄弟冲锋，后面的兄弟为其掩护……这不仅是一种配合，更是一种互相帮助。前线与后防，虽然任务角色不同，但是在整个团队中却具有相同的意义。如果团队中的每个人都有团队精神、互助精神，这支团队的防线比钢铁还要牢固。

其次，当我们了解了"团队"的意义和"团队"作战的魅力，我们就要设法改变自己，努力胜任一个团队角色。因此，也需要银行客户经理做好三件事。

（1）保持谦逊：孤傲、高调是团队的"杀虫剂"，严重影响团队气氛。一个孤傲的、高调的、不可一世的家伙，无法得到其他团队成员的好感与支持。因此，做人要低调，要谦逊。俗话说，三人行必有我师。每个人都有自己的特长。因此不要在团队中特立独行，也不要高唱《我不一样》。只有共同绽放，才能让自己显得更有价值。

（2）学会包容：团队中的每一个人都有不同的性格和特点，每个人都有自己的优缺点。如果我们不能包容伙伴，就会影响到团队配合。另外，我们还要拥有一颗宽容的心。凡事不要斤斤计较，更不要对自己的伙伴"羡慕嫉妒恨"。包容是团队协作的基础，包容也能让一个人的灵魂得到提炼和净化。

（3）善于分享：过去有一些人说："有好点子千万不要说出来，如果别人听到了，就会抢先一步、占据先机！"这是一种非常小气、非常自私的想法。一个团队，需要一种团队智慧。所谓"团队智慧"，就是每个人都能够把自己的想法、点子分享出来。"团队智慧"越强大，团队的战斗力也会越强。另外，善于分享者才能得到别人的尊重；同时，也能获得交流互换的机会。

管理大师罗伯特·凯利认为："企业的成功靠团队，而不是靠个人。"在团队中，银行客户经理要具备一种团队精神，才能为商业银行创造更多价值。

六、具有市场开拓能力

银行客户经理属于营销一线员工，奋斗在营销一线，需要掌握很多技能技巧。举个例子：划定销售区域后，需要银行客户经理"跑"市场，挖掘市场内的目标客户。如果一名客户经理不具备开拓市场的能力，也就无法挖掘客户为银行带来效益。我们常常看到，许多企业招聘营销经理都会标注这么几项招聘条件：① 有相关营销经验；② 能够吃苦耐劳，胜任高强度工作；③ 具备市场开拓能力，能够有效敲定客户；④ 本科以上，相关营销专业优先。其中，市场开拓能力是衡量一名营销人员的基础。

市场开拓能力也是一种综合能力，它需要银行客户经理具备另外几项技能才能做好市场开拓工作。

（1）预测能力：我们感叹诸葛亮在赤壁之战那种上知天文、下知地理的能力，以及能够准确预测天气的本领。虽然"天气"难以预测，但是却需要客户经理拥有一定的市场预测能力。比如借助以往的经验，或者借助近期市场的变化，对市场行情做出大胆预测。较为准确地预测市场，能够快速给市场做出定位，然后制定较为准确的营销策略和营销目标。

（2）专业营销技能：现实中，许多银行客户经理都是"野路子"出身，没有经过系统的学习和训练，完全凭借自我领悟或者"师父领进门、修行在个人"的方式。互联网时代，商业银行市场开拓需要更加专业的营销能力，这就需要银行客户经理必须进行系统学习，学通《营销学》，掌握《营销学》里的营销工具和营销策略的使用。俗话说，专业出身，更加靠谱！

（3）推销技巧：王婆卖瓜的方式虽然显得很高调，但是这种推销方式也是有技巧的。还有一些人，采取一种"开门见山"式的推销，这种"耿直"的推销方式如果遇到"耿直"的客户，也会碰撞出交易的火花。俗话说，看人下菜碟！这种方式是一种看脸色进行推销的方式，从本质上讲也是一种"高明"的推销技巧。银行客户经理需要掌握这种推销技巧，才能摸准客户的痛点和需求，把产品推销给客户。

（4）公共关系处理技能：人们也把这种技能称之为"公关技能"。公关技能是一种改善客户关系、提高营销转化率的一种技能。如今，许多企业、银行都有单独的公关部门，也有一些专门以"公关"为主的公关公司帮助企业、银行进行商务公关。通常来讲，公关有四大作用：提升银行形象、扩大银行影响力、提升银行人脉、化解各种危机。因此，公关技能是非常重要的一项市场开拓技能。

（5）谈判技能：互联网时代，商业银行与客户是平等的关系。在这种关系下进行营销，需要经历复杂而漫长的谈判。如果一名银行客户经理不具备谈判能力，就hold不住谈判局面，让客户占据上风……这种情形下会出现两种结果：谈判破裂或银行对客户做出让步！不管哪一种结果，银行都是受损失的一方。因此，银行客户经理要熟练掌握商务谈判的技能，hold住局面，引导谈判向"互惠互利"的方向发展。

（6）活动策划能力：对于公私联动营销而言，策划活动似乎是商业银行行长或组织策划部门的工作，与银行客户经理无关。事实是这样的吗？很显然，许多银行的营销活动是由客户经理一手进行策划的。客户经理一手策划活动，更加能够体现"营销为主"的活动内容，在具体实施过程中也更有针对性。

（7）市场心理学技能：有人说，销售员等于半个心理咨询师。营销开拓过程，就是一场心理的较量。如果一名银行客户经理借助心理学的知识，就能够了解客户的内心需求，引导客户说出自己的需求。对于开拓市场而言，心理学也能够帮上大忙。除此以外，懂一点心理学，也能够解答自己内心的疑惑，让自己拥有良好的心理素质。有专业机构研究发现：良好的心理素质是一个人取得成功的关键因素。

（8）会计技能：商业银行是一个与存款贷款、财产管理、资产配置、增值理财、外汇管理、投行业务等相关业务有关联的企业。这些业务，都需要专业会计对资金、账目进行管理。商业银行的客户经理，必须具备一定的会计技能，才能胜任这份工作。

除此以外，有些商业银行有涉外业务，需要银行客户经理对外语有一定的要求；互联网时代下，还需要银行客户经理了解网络，能够利用互联网开发市场资源。

七、具有沟通客户的能力

"沟通"是老生常谈的一个词，似乎有人的地方就需要沟通。人有一个嘴巴、两个耳朵，就是为交流沟通而生的。老师与学生需要沟通，老板与员工需要沟通，父母与孩子需要沟通……沟通是一种"高级语言"，是一种交流武器。有位哲人说："沟通的最高境界是，说要说到别人很愿意听，听要听到别人很愿意说。"营销过程，也是一个沟通过程。沟通让双方达成了协议，产品也就顺利脱手了。管理大师彼得·德鲁克认为："一个人必须知道该说什么，一个人必须知道什么时候说，一个人必须知道对谁说，一个人必须知道怎么说。"因此，沟通也是银行客户经理所必须拥有的一项技能。

首先，我们先要了解一下沟通的意义。

（1）沟通是一种分享：人都有七情六欲，也就有说话、交流的需求。一个人心情好或者不好，都需要借助沟通的方式去分享或者排遣。对于营销而言，需要借助沟通实现对产品、服务的分享。让客户知道，商业银行有哪些产品、服务是愿意与客户进行分享的。

（2）沟通是一种展示：一个人的聪明才智、人格魅力，完全可以在沟通过程中展示出来。美国有一个出色的保险推销员，凭借其出众的沟通技巧赢得无数客户的拥趸。许多客户成为他的粉丝，并对他评价到："他推销的不是保险产品，他推销的是他的人品。"

（3）沟通是一种润滑剂：如果我们把"营销"看成一个枯燥的、枯涩的交易，这个交易需要一点润滑剂才能让枯燥变得"枝繁叶茂"！许多优秀的推销员，他们不仅有伶俐的口齿，而且与客户沟通聊天富含幽默。如果客户在购买产品的过程中还能够体验、感受到一次愉快的交流，想必会对推销员留下深刻的印象。因此，我们常常能够看到一些客户来银行办理业务，总会找"老熟人"办理。

（4）沟通可以拓展人脉：事实上，沟通是有目的的。人们常常通过完美的沟通把自己介绍给对方，让对方接受你。通过沟通，人与人可以成为朋友或者更加亲密的关系，这种关系可以为一个人带来诸多好处，比如生意、合作等。对于银行客户经理而言，沟通能够为其带来人脉。

（5）沟通可以克服恐惧：有些人存在交流恐惧症，总是害怕在交流中说错话。对于那些年轻的、腼腆的、内向的销售员来讲，打破"交流恐惧"是非常有必要的。就像有人含沙吐字摆脱口吃一样，勇敢的交流、沟通，可以让人更加勇敢、自信。

（6）沟通可以化解尴尬：营销过程中，让客户尴尬的事情有很多，有可能是产品造成的，也有可能是服务造成的。如果不处理客户的这种"尴尬"，就会让客户失去耐心，导致客户流失。沟通是一种化解尴尬的武器，所谓"化干戈为玉帛"大多是通过嘴巴达成的共识。

（7）沟通有很好的串联作用：许多人发现，营销战线拉得太长，就会出现脱节现象。如果出现脱节，该怎么办呢？事实证明，沟通是一种非常好的方式。它能够将营销过程中的各个点进行有机串联，通过沟通将产品、服务结合在一起，让客户感受到服务的真谛。

其次，我们还要提高沟通力，可以掌握以下几种方法。

（1）善用开场白：许多人不知道如何沟通，尤其难以开口讲第一句话，不知道第一句话怎么说才能给对方留下好感。因此，借助"开场白"进行开门见山，就非常重要。比如"您好，我是某某银行的客户经理"，比如"很高兴认识您"等。有了开场白，我们就可以与客户建立沟通桥梁，向客户推销产品和服务也就顺理成章了。

（2）三思而言：有些人总会给人一种"心直口快"的感觉，但是这种感觉放在营销过程中，似乎就不太好了。一个优秀的、成熟的银行客户经理，会采取一种"三思而言"的方式。向客户表达看法之前，一定要经过三思，选择最合适的语气、方法、思路，将自己的想法、建议传达给对方。另外，"三思而言"也是对客户的一种尊重。

（3）准备话题：有些人不善于营造话题，在沟通过程中，很容易陷入一种"无话可说"的尴尬局面。对于缺乏话题的人而言，提前准备话题就显得非常重要的。比如银行客户经理在会见客户之前，可以提前准备一张"话题清单"。"话题清单"上标注与营销相关的重要问题以及回答尴尬问题的方式方法。

除此以外，提高沟通力的方法还有很多。比如加强逻辑表达沟通训练，或者借助聆听提高沟通质量等。就像钢铁大王卡耐基的那句名言："如果你是对的，就要试着温和地、技巧地让对方同意你；如果你错了，就要迅速而坦诚地承认。这要比为自己争辩有效和有趣得多。"

PART3

公私联动

战略、实战篇

第七章

公私联动深挖优质客户

一、搜集客户信息

有人说，一场成功的营销源自对客户的搜集。有了客户，也就有了一切。还有另外一种观点：搜集客户的重要性不亚于售后服务！因此，许多商业银行也把客户搜集放在一个比较重要的位置上，甚至设有专人专岗。寻找客户不是一项很轻松的工作，它需要银行客户经理有耐心和毅力，勤奋一点、认真一点，才能做好客户搜集工作。通常来讲，搜集客户应该掌握三个原则，即勤奋、眼光、创造。

（1）勤奋：俗话说，勤能补拙。也有人说，笨鸟之所以能够先飞，就是一种勤奋的表现。如果一名银行客户经理能够坚持搜寻市场、排查市场，就一定会有所收获。

（2）眼光：搜集客户就像选商品一样，要具备一定的眼光。有个故事：古代有一个人卖画，他总能够从数以万计的人中找到那个对画感兴趣的人。

这种本领，也叫慧眼识人法。

（3）创造：收集客户也要掌握一定的方法，或者创造一定的方式来吸纳客户上门。比如商业银行举办各种有吸引力的活动，目的就是吸引客户参加活动，把这些客户转化为目标客户和实际营销客户。

掌握以上三个原则，有利于银行客户经理有效开展客户信息收集工作。如何才能把这项工作开展到位呢？需要银行客户经理掌握三个方法。

1. 询问法

询问法是一种简单、直接的客户信息收集方法，它借助相关问题对客户询问，分析客户的购买需求和购买意向。还有一些银行客户经理会借助"意见征求"表格进行询问。询问法多种多样，常见的方式有这么几种。

面谈询问法：这是一种面对面交流的方式，比如客户来银行办理业务，与银行职员进行"一对一""面对面"的交流。交流过程中，银行员工向客户询问姓名、家庭住址、工作单位等相关信息。面谈询问法简单直接，容易操作，搜集的客户信息准确度高。

电话询问法：如今，电话营销非常盛行。许多企业、银行通过电话营销客户，也能取得不错的效果。电话询问简单、快捷，免去客户登门的麻烦。对于客户经理而言，电话询问之前要列出需要询问的问题和内容，保持电话询问质量，减少客户的挂电话率。

邮件询问法：过去几年，许多审计公司会通过电子邮件每年、每季、每月对各个客户发送相关的审计文件。事实上，这样的做法很有效。如今，许多征信机构也采取邮件询问法与客户保持相关联系。商业银行客户经理完全可以通过邮件对客户信息进行采集、整理。

网络问卷法：互联网时代催生出大量互联网用户，这些客户常常通过客户端、网站、软件、社交平台等发起问卷活动。商业银行完全可以采取这种方式，对广大互联网客户进行线上问卷调查。网络问卷法不受时间、空间的限制，而且具有搜集成本低、搜集效率高等特点。

除了以上方式，还有活动问卷法、活动调查法、混合调查法等，银行客户经理可根据工作实际选择不同的询问搜集方式。

2. 公共渠道搜集法

互联网时代让人们进入了一个"多媒体"结合的时代，大量的报纸、刊物、流媒体、网站、社交平台、移动端、电视、广播等涵盖着海量客户信息。商业银行可以根据不同的渠道对客户信息进行收集。举个例子：北方某商业银行客户经理，在微信、YY等多个社交平台上创办金融大讲堂，每期都有大量互联网用户学习该客户经理的免费金融课程。他们听完课之后，便会与客户经理进行进一步深入交流。交流过程中，该客户经理就能够完成对相关客户的信息资料的搜集、整理工作。还有一些商业银行与黄页网站进行合作，黄页网站定期向商业银行推送当地企业资源和个人工商户信息资料，银行客户经理对这些信息进行分类、筛选，汇编成册。还有一些商业银行通过税务部门寻找客户资源……公共渠道是公开的、共享的渠道，商业银行要加大力度对公共渠道的信息筛选，才能做好市场开发工作。

3. 专业机构搜集法

互联网时代的今天，有许多专门从事信息搜集的合法公司。商业银行也可以将相关信息搜集工作委托给这些专业机构。专业机构收集的信息，不仅分类专业，而且信息准确度更高。这类专业机构通常由专业人士负责信息搜集，搜集渠道、收集方法也更加专业。对于商业银行而言，选择知名的、信誉好、收费合理的第三方专业机构是非常重要的。也就是说，只有选对了专业机构，才能帮助银行完成客户信息搜集的使命。

客户信息是营销链条中的重要一环，也是营销工作的开始。俗话说：千里之行始于足下！搜集客户信息就是银行客户经理迈出去的第一步。

二、寻找客户的五大渠道

互联网时代，商业银行对"引流获客"渠道更加重视了。有限的市场资源，激烈的同行业竞争，让各大银行把客户资源当成一种不可再生的稀缺资源。谁能够率先抢占市场，谁就能够立足市场。有一个银行行长认为："银行之间的PK，无非是服务的PK和客户市场的PK。"因此，商业银行管理者想要带领银行突出重围，需要在引流获客方面多下功夫。

传统商业银行，似乎是"坐等上门""守株待兔"式的获客方式。这种寻找客户的方式非常被动，甚至可以用"懒"来形容。如今，大多数商业银行甩掉了懒惰的包袱，开始采取"走出去、请进来"的模式，进一步拓展获客渠道，并取得很好的效果。通常来讲，有五种获客渠道。

1. 扫楼拜访

有人说，"扫楼"是一种行之有效的获客手段。许多行业都在"扫楼"，我们也常常能够看到这些"扫楼"的营销人员的身影。"扫楼"有一大特点：面积大、覆盖全。举个例子：某保险公司某营销团队采取"扫楼"法，每一名业务员进行划片扫楼，有的负责社区，有的负责园区，有的负责商区……通过"扫楼"，这支营销团队取得了非常好的营销战绩。扫楼拜访有两大优点：第一，不会遗失掉任何一个潜在客户；第二，可以跟各种类型的客户打交道，提高沟通及营销经验。扫楼拜访也有三大缺点：第一，容易遭到客户拒绝，对客户经理的自信心有较大的打击；第二，"扫楼"虽然"大而全"，但是也非常盲目，针对性差；第三，"扫楼"消耗大量人力、物力、财力，且效率低下。如今，许多企业、银行依旧采取"扫楼拜访"，有些企业、银行结合礼品赠送式的拜访，可以促进成交率。

2. 广告寻客

我们常常能够看到某某商业银行在报纸、刊物、网站、电视等刊登的产品广告以及服务热线，借助这种宣传方式寻找客户。还有一些商业银行制作反诈骗公益广告在移动媒体上进行投放，既起到公益宣传的效果，也能够为商业银行带来客源。广告寻客有三大优点：第一，传播速度非常快，能够让人们快速阅读到商业银行产品、服务信息；第二，传播范围非常广，如果借助互联网进行传播，效果更佳；第三，节省人力物力。广告寻客也有三大缺点：第一，无法精确寻找到有价值的客户，寻客存在一定"盲目性"；第二，广告宣传的费用十分高昂，制作精良的广告宣传片的制作费用和投放费用都很高；第三，缺少客户反馈。广告获客是互联网时代下的一种新获客招式，依旧值得商业银行尝试。

3. 人介绍人

人介绍人是一种口口相传的寻觅客户的方式，这种方式简单、更容易在朋友圈内进行传播。举个例子：某商业银行客户经理为了寻找客户，于是利用"朋友"关系让朋友们帮其进行宣传；与此同时，这个客户经理还定期在朋友圈内做银行产品推广，起到了不错的效果。人介绍人有三大优点：第

　　寻找客户的渠道或许还有许多，商业银行的管理者和客户经理发现并挖掘新的获客渠道，对开发目标市场、推动公私联动十分有帮助。

三、人脉圈发掘客户

古代有一个人，他拥有一套烧制瓷器的技艺。许多人都说，他烧制的瓷器堪比官窑瓷器，非常精致。虽然这个人手艺精湛，但是却遇到一个问题：销售！他的家中有一个院子，整整一个院子里堆满了各种器型的陶瓷。由于销路不畅，他非常着急。甚至有人劝他，不要再烧了，再烧下去，早晚要破产的。

为了解决问题，这个人的妻子说："如果卖不动，亲戚邻居分一些吧！"这个人同意妻子的做法，于是拿出30%的库存送礼。这一送不要紧，却送出了销路。这个人的表姐掏钱买，另外一些亲戚也纷纷掏钱……这一下子反倒让这个人看到的希望和销路。于是他对妻子说："要不你问问老家的亲戚、邻居，是否也有人要？"妻子答应了他，于是带着一部分瓷器回到老家"兜售"！没想到，很快就销售一空。

四、萃取、提纯客户信息

提炼客户信息也是非常重要的一件事。有一个银行朋友曾经遇到一件非常尴尬的事情。他刚刚来到一家新银行，在交接工作过程中，发现客户资料信息是杂乱无章的。虽然重点客户、非重点客户有所区分，但是非重点客户、存量客户、潜在客户却没有分类。按照他的话说，根本无法判断客户的价值信息。因此，他上任之后的第一件事，就是让所有人把手上的客户资料进行重新整理、提纯，建立科学、完整的客户档案。

我们用"萃取"这个词来形容，就是把客户资料中最有价值的部分提炼出来。提炼客户信息要坚持三个原则：第一，优化客户与银行的关系距离，按照关联程度、重要程度进行排序；第二，找到目标市场潜在的竞争因素，进一步提炼有价值的客户信息；第三，标注客户地理位置。有些商业银行虽然很"精炼"，精简到只有客户的联系电话……这也会给上门服务带来困难。另外，许多人发现，萃取出来的客户信息只能体现客户的显性价值，并不会显示具备开采价值的隐性信息。

有一个银行客户经理非常聪明，他是这样对客户信息进行提取的。首先，他将所有的客户，按照主次进行分类：哪些是重点客户，哪些是重点开发的客户，哪些是开发价值不大的客户。整理出来之后，给人一种一目了然的感觉。后来这家银行推广这种客户资料管理办法，在开展公私联动营销活动时，就派上了用场。这位客户经理说："客户信息就是资源，能够把资源整理好、规划好，才能按部就班做好营销。"当然，提炼客户信息的方法很多，只要能够对公私联动营销产生促动作用，这样的整理就是有意义的。我们在提炼客户信息中，还要包括四个方面。

1. 客户的市场地位

二八定律说明大客户能够为商业银行创造80%的收益，而普通客户只能为商业银行创造20%的收益。越是大客户，其市场地位越高；越是小客户，其市场地位越低。还有一些客户不仅有市场地位，还具备一定的社会影响力。比如某商业银行与世界五百强企业合作，还能够大大提升银行的地位和形象。因此，在提炼客户信息过程中，要对客户的市场地位进行标注。

2. 客户的隐性价值

能够与商业银行签订合作协议的客户，通常能够表现出显性价值。营销的核心是什么呢？就是不断挖掘客户的潜在价值。举个例子：公私联动营销企业客户，除了企业价值外，企业内的员工也具备很大的待开发价值。公私联动营销个人大客户，除个人价值外，其身后的资源同样具备开采价值。因此，商业银行在萃取客户价值时，要把客户身后的价值链一并提取出来。

3. 客户的现实价值

也有一些客户，是不具备隐性价值的，或者隐性价值已经被全部开采出来。这一类客户与银行的关系，是一种稳定的现实价值关系。对于这类客户，我们称之为"维护"客户群体。这一类客户，是非常庞大的，甚至占据

组合和服务。按照这家银行行长的说法："对企业客户进行行业划分，就如同医院对科室进行划分。划分的目的，就是为了实施'精准营销'。"

有一个客户经理营销某煤化工公司时，专门为这个企业设计了一套产品和服务。不仅为该企业提供代发工资服务，而且还针对煤化工企业干部、员工的收入特点，制定了一系列的服务。比如中层干部年收入高，有理财的需求。因此便针对中层干部制定了理财产品组合；比如员工收入稳定，许多员工有购买房产的刚需要求，银行便给员工制订房贷计划，企业也为员工提供担保……不仅降低了贷款风险，而且深挖了企业客户。

另外一个客户经理营销某进出口公司时，发现该企业有外汇结算的需求。因此便提供"外汇结算服务"。针对某茶叶市场众多茶企，这家银行还推出了"茶商专属理财卡"，不仅方便了广大茶企及茶企老板，而且为商业银行公私联动营销拓展了市场。

通过对客户进行精准划分，该商业银行做到了"一对一"式的精准营销服务。不仅成功举办了2016公司联动活动，而且取得了首季开门红。

对客户进行分类的工作，是非常有价值的。通常来讲，客户分类方式大概有如下几种。按照性质分类，商业银行的客户有两种：个人客户和公司客户。

（一）个人客户

个人客户也有两种分类，按照特定人群和价值大小进行分类。

1. 特定人群分类

公共事业机构客户：主要特指公务员、事业单位干部、员工、各政府部门官员、乡镇干部等。

其他职业：律师、医生、记者、编辑等众多非公共事业机构的一切员工均可以进行划分。

关键决策人：决策人特指企业、各种社团组织的决策性人物。比如企业老板、企业董事会成员、企业具有决策能力的管理者、社团管理者、社会有影响力的公众人物等。这一类人，能够为商业银行创造较大价值。

家属：上述所有人的家庭成员，这一类人同样也有一定的购买力。比如某企业老板的家属，长期在商业银行进行理财。

2. 价值大小分类

关键客户：关键客户也就是个人大客户，处于金字塔的顶端，总数量约有5%左右，这类客户是商业银行的基石。通常来讲，商业银行有专员负责关键客户的营销与服务。

主要客户：这类客户占总数量的20%左右，这类客户虽然不如关键客户重要，但也是商业银行收入的重要来源。

普通客户：这类客户最多，占总数量的75%。虽然这类客户不能为商业银行创造巨大价值，但是却可以起到"聚沙成塔"的作用。尤其激烈的客户竞争，让许多商业银行更加重视普通客户的开发。

（二）企业客户

企业客户的分类与个人客户分类有相似之处，通常也是按照价值大小进行分类。

高品质客户：这类客户大概有10%，属于商业银行高质量、高信用客户，比如一些知名的企业、上市公司等。这类客户实力雄厚，信用好。这类客户，也是忠诚度比较高、合作比较紧密的客户。

重点客户：每一家商业银行都有自己的营销重点，比如倾向于某几个重点行业。营销"重点"属于商业银行的特色营销。重点客户数量约占20%，是商业银行的重要收入保证。

普通客户：商业银行的普通企业客户，常常指小微企业客户等，这类客户数量多，同样也是不可或缺的。随着互联网时代的到来，小微企业越来越多，非常值得商业银行去开发、挖掘。

除此以外，还有一些商业银行按照"信用"质量对企业客户进行划分，比如高信用客户、一般信用客户、低信用客户。根据客户信用情况，商业银行可以采取不同的策略进行营销、合作。

案，至少有六个方面的好处。

（1）客户档案的整理过程，就是对客户的一次筛选过程。从中，我们可以找到需要加深合作的客户、需要调整策略的客户。

（2）通过客户档案信息，能够帮助营销部门对产品、服务进行宣传，或者对公私联动营销活动进行精确推送。

（3）可以将客户资料卡进行排序，然后根据顺序采取相关措施。另外，客户资料卡能够反映出客户的现状和交易习惯。

（4）能够根据客户档案快速制定有针对性的"造访流程"。举个例子：某商业银行进行客户走访，便按照客户档案制定走访流程，完成了对客户的走访与关系维护。

（5）能够借助客户档案快速了解客户的营销进度，然后为营销过程提供可靠的数据。

（6）如今商业银行在客户信用管理方面急需要加强，通过客户方案银行可以快速了解客户的信用程度，并根据客户信用度制定有针对性的策略。

建立客户档案有非常大的商业价值和营销价值，而且便于商业银行对客户进行管理和分类。建立客户档案，商业银行还要坚持哪些原则呢？通常来讲，要坚持四大原则。

1. 定期更新

互联网时代下，企业、个人都在发生快速明显的变化。举个例子：南方有一家企业，从创业到上市只用了五年时间。五年内发生了翻天覆地的变化，这也给合作银行带来的不同挑战。因此，商业银行要坚持对客户档案进行定期更新，然后对客户资料进行二次分类、调整。如今，许多银行坚持每个季度一更新的管理办法，能够取得非常好的效果。

2. 定期调查

如今，许多商业银行都会对客户进行长期跟踪、调查。举个例子：南方某商业银行在某行业遭遇市场严重萎缩的情况下对下游企业客户进行深度跟踪、调查。每个月都有专人对客户进行全方位、多维度调查，了解客户的经营现状、产品状态、信誉度状况等，从而对客户进行评估，并将相关信息备注附录在客户档案里，为商业银行营销提供支持。

3. 灵活使用

传统的档案管理，似乎完全流于一种"管理"，而失去了本身价值。甚至有一些银行、企业每年都会定期销毁一部分毫无利用价值的客户资料档案……当后期发现丢失的档案有价值时，却无法寻根溯源。因此，许多商业银行为了解决这一问题，引入互联网档案管理系统，将客户档案数据化，完全储存在安全硬盘上。这样的做法，不仅解决了客户档案资料的保存与查询，而且便于营销部门灵活使用。

4. 专人专责

专人专责似乎"自古就有"，许多企业、银行都有专人负责客户档案管理，甚至专设档案管理部门。举个例子：北方某商业银行为了做好客户档案管理工作，下设客户档案管理部门和专员。另外，档案管理部门设有部门纪律、部门制度以及相关档案管理机制。这样做的目的，可以提高客户档案的管理地位，让客户方案发挥价值。

客户档案管理是一个系统工作。在操作过程中，它也需要商业银行管理者制订一个科学的管理方案和管理流程。许多商业银行把客户档案建立成"卡"，并且将"卡"标注上序号。通过这种方式，既可以对客户档案进行有机管理，而且还可以将客户档案"卡"数据化。在这里，我们不得不提联想集团的CRM系统，这个系统完美解决了客户档案的查询，而且可以快速为客户安排服务方案，解决客户相关需求。因此，商业银行管理者可以参照联想集团的CRM系统设计一套相似模式的客户档案管理系统，从而解决客户档案管理难题。

财务管理标准。如果一个企业，财务管理混乱，资金链也存在严重问题……就难以长时间进行维系。有人说："企业资本就是一个企业的'血液'，资金链就是一个企业的'血液循环'！"商业银行要了解客户的资本状态，就能对其信用进行评估。

4. 担保

对于商业银行而言，担保是非常重要的。举个例子：个人客户贷款购买房屋，就需要个人客户提供相关担保，比如担保人的相关信息。前几年，民间贷款非常盛行，有民间贷款公司提出口号：无抵押、无担保贷款。到后来才猛然发现，许多客户人去楼空，这些民间贷款公司不是破产倒闭，就是面临各种官司的局面。商业银行要加强信用担保，借助"担保"降低经营风险。

5. 环境

环境因素也是一个重要因素。东南亚金融危机期间，东南亚地区许多企业、个人经济遭受动荡，不是破产就是濒临破产。这也致使这些银行客户信用等级降低，甚至无任何偿还能力。过去许多商业银行有一个叫"政策办公室"的部门，专门研究政策环境和经济环境，对金融行业和其他行业进行评估。正因如此，也能够帮助商业银行的经营趋势进行预测。找到环境的变化规律，根据实际调整经营思路，才是一种科学管理的方式。

除了信用5C标准外，还有一种信用6A标准。所谓6A，是从商业元素、财务元素、组织元素、管理元素、技术元素、经济元素六个方面进行评估。其中商业元素与财务元素是基础，另外四个元素是核心。对企业、个人进行6A评估，就能够建立客户信用数据库。还有一些商业银行采取信用5P标准，即从人的因素、目的因素、还款因素、保障因素、展望因素五大方面进行全面评估。信用评价方法或许还有很多，商业银行同仁坚持高标准、严要求的客户资料管理，建立客户信用数据库，才能将经营风险降到最低。

八、有效挖掘客户需求

著名心理学家马斯洛曾经提到《需求层次论》，他认为：人存在六种呈现阶梯状层次的需求，这六个需求分别是生理需求、安全需求、情感和归属需求、尊重需求、自我实现需求、超自我实现应用。需求是一种欲望，或者是一种产生动机的因素。人们有了需求，才会产生购买动机。如果我们能够抓住客户的需求动机，就能将产品销售给客户。

有效挖掘客户需求，同样是一个老生常谈的话题。许多人都知道"需求"这个词，但是却不懂得如何深挖客户需求。打个比方：菜农卖菜，顾客来菜摊询问蔬菜价格，则说明顾客对蔬菜有需求。如果菜农卖价不贵，蔬菜品相好，能否符合顾客的要求，就能成交；反之则顾客选择其他菜农的蔬菜。菜农如何夸奖自己的蔬菜，如何给蔬菜定价，如何在沟通过程中取得顾客的信任……也就能有效挖掘出客户的需求。有效了解客户需求的同时，商

（三）问

向客户问问题，是一种快速了解客户需求的方式。就像大夫问患者的临床症状那样，可以快速了解患者的病情。商业银行客户经理采取"询问法"挖掘客户需求是非常有意义的。但是需要提醒的是，提问有风险，需要银行客户经理对问题进行提前准备。问问题的方式也要根据客户的心理变化、对银行产品、服务的认知进行选择。

（四）切

中医有一个名词，叫"切脉"。事实上，"切脉"就是把握客户需求的一种方式。通过"切脉"，银行客户经理需要做好两件事。

（1）把握客户需求，给予精准有效的服务，比如设计服务，制定产品组合，为客户提供具体方案等。

（2）对于老客户而言，"切脉"是一种情感维护。银行客户经理定期为老客户"会诊"，调整策略，有助于深挖客户背后的潜在需求，实现二次营销。

"望闻问切"是一种非常好的获取、提炼客户需求的方式。商业银行客户经理可以通过日常总结或专项培训提高这种技能，提升营销工作的能力。

九、发现联动营销机会

我们常常能够听到这样一种声音："真可惜！机会没有抓住，放走了一个大客户！"还有一种声音是："别人怎么能够抓住机会，为什么我却抓不住？"发现机会、抓住机会，是营销课堂上提及最多的一句话。曾经某银行客户经理也向我问过一个问题："如何才能发现营销机会呢？"

事实上，这个问题难以具体解答。就像一个人能够在千丝万缕的信息中捕捉到一种营销信号，但是当他接近或者试图转变这个信号的时候，却发现：这个信号是虚假的，无法为自己带来任何机会。还有一些人，虽然能够扑捉到机会，但是却无法把机会转化为现实。言外之意，有些机会是真机会，有些机会是假机会或者不成熟的机会。想要分辨营销机会的真实性，商业银行的客户经理应该对机会进行评估。

营销机会是十分宝贵的，甚至是可遇而不可求的。对于银行客户经理而言，如果能够抓住有限的机会，转化营销，就能做好公私联动营销活动，为商业银行取得开门红。

十、制订联动营销方案

　　如今，各大商业银行举办的营销活动可谓五花八门，有沙龙活动、外拓活动、促销活动、联动活动等，这些活动各具特色，都能够给商业银行带来惊喜。因此有业内人士感慨："谁把活动举办好，谁就能抢占市场先机！"以通讯为例，联通公司与移动公司常常在同一区域举办活动，借助活动进行营销PK。不管胜者是谁，双方都能够从目标市场上获利。

　　前不久，某商业银行联合移动公司在某小区举办开户送话费的联动促销活动。活动方案是这样的：第一，扫描活动二维码，关注活动，即可享受10元话费充值；第二，关注活动，在朋友圈分享活动信息，即可享受10元话费充值；第三，活动期间，凡是在该银行开户并存款额度达到一万元，即可赠送价值499元智能手机一部；第四，活动期间，新增开户用户将活动信息分享到QQ空间、微信朋友圈、微博等平台，均可享受20元话费充值。通过这种方

第八章

公私联动高效营销成交

（一）准备工作

俗话说，不打无准备之仗！准备充分，如同考试前临阵磨刀。那么拜访客户之前要准备什么呢？

1. 调整拜访前的形象

一个人的形象、姿态很重要，如果蓬头垢面、精神萎靡地出现在客户面前，一定会让客户大失所望。因此，商业银行客户经理要做好五项调整。

（1）仪容仪表：仪容仪表要干净整洁，穿衣打扮要给人一庄重感。对于商业银行而言，通常是统一工作服着装。

（2）表情情绪：拜访客户是一件非常重要的事情，保持微笑服务和轻松的心态是非常重要的。如果带着情绪拜访客户，就会起到反作用。

（3）投缘心理：拜访客户的目的，就是与客户建立一种"投缘关系"！如果客户经理与客户彼此投缘，就会建立信任关系。

（4）端正态度：现实中，有些人是"玩世不恭"的。这类人有一个特点，交流交谈特别随意，给人一种"不尊重"他人的感觉。银行客户经理要避免这种自由散漫的态度，把拜访当成一件重要的工作去对待。

（5）树立自信：自信是成功的基石，自信能够给人带来力量。怀揣自信去拜访客户，能够让拜访工作更加阳光、积极。

2. 制定拜访前的目标

目标是一种导向，就像编剧写剧本之前撰写的大纲一样。因此，银行客户经理也要制定拜访目标、明确拜访任务、规划拜访路线。

（1）拜访目标：通常来讲，拜访客户的目标就是加强商业银行与客户的沟通，维护好客情关系，挖掘出客户需求，为营销工作做准备。

（2）拜访任务：拜访任务要根据公私联动活动进行制定。许多银行客户经理坚持一种"先易后难"、"先主后次"的顺序进行拜访，并规定好拜访的时间、拜访的人数等。

（3）拜访路线：商业银行辖区范围很大，客户分布在辖区内的不同位置。银行客户经理只有提前规划好拜访路线，才能提高拜访效率，节省拜访时间。

（二）预约工作

事实上，许多商业银行或者企业在开展有针对性的活动期间，并不提倡"陌生拜访"。"陌生拜访"不仅效率低下，而且容易致客户反感。如果提前对客户进行预约，就会减少或降低"拒绝"概率。如今，预约客户的方式有很多，大体有如下几种。

1. 电话预约

如今，人人都有手机、电话。银行客户经理以商业银行的名义电话预约客户，不仅是一种礼仪上的重视，也是一种行为上的重视。电话预约简单高效，不仅节省时间，而且更能给客户留下好感。

2. 微信预约

微信是一种非常好的社交工具，许多银行客户经理建立微信工作号和微信群，定期为客户进行服务。通过微信预约客户也是非常方便的方式。微信预约，不仅免除了奔波之苦，而且更加时髦，预约沟通也更加高效。

另外，通过短信、QQ、YY、活动等方式预约，也是效果良好、较为流行的预约方式。

（三）拜访工作

俗话说，万事俱备，只欠东风。如果对客户进行了预约，就需要约定拜访的时间、地点，然后再进行具体的拜访工作。在拜访过程中，需要银行客户经理做好三件事。

1. 明确拜访话题

现实中，有些银行客户经理见到客户后，没有明确的拜访话题。直到拜访结束，甚至也没有说到点子上。到头来，这次拜访变成了一场无效拜访。因此，银行客户经理要明确拜访话题，拜访过程要紧紧围绕话题展开，对客户进行有针对性的沟通和引导。

2. 重视拜访细节

有时候我们会发现，一些优秀的银行客户经理会随身携带一个笔记本，笔记本上不仅有准备好的提问问题，而且还可以将有价值的信息记录下来。另外，银行客户经理要严格守时，也要根据客户的性格特点准备一些"见面礼"。重视拜访细节，就能够提升拜访质量。

3. 做好回访工作

一次成功的拜访，并不意味着结束。事实上，一次成功的拜访，仅仅是营销工作的开端。想要建立一种长期稳定的客情关系，银行客户经理要对拜访工作进行长期跟踪回访，将优质的服务进行到底。

客户拜访的成功与否决定公私联动营销活动的开展质量。如果能够通过客户拜访建立起良好的合作关系，就能够做好营销工作。

二、联动营销第二步：赢得信任

人与人之间，最重要的就是"信任"！信任是一种宝贵的资源，如果开发出来，会让双方共同受益。有一位哲人说过一句话："信任是友谊的重要空气，这种空气减少多少，友谊也会相应消失多少。"我们常常听到一些客户的声音："我信任他，我才选择他的产品；如果我不信任他，为什么还要委屈自己？"事实上，信任也是敲开营销大门的关键一环。

如何才能取得客户的信任呢？我想，这个话题非常大，绝不止一个答案。但是细细总结归纳，可以有以下几点。

1. 保持自信

有人问，自信与信任有何关系？完全八字不搭呀！事实上，一个自信的人才配拥有别人的信任。有些人把信任看成一种"勇敢者的武器"，如果一个人不够自信，也就无法给客户、朋友带来积极的正能量。我们看到，那些成功的、优秀的营销专家，他们是阳光的、充满自信的。甚至，他们能够把自己看成客户的可靠助手与合作伙伴。客户感受到你的自信与阳光，也会把自己的合同递交过来。所以说，自信的人才能获得客户的信任。

2. 保持专业

营销银行产品与营销蔬菜、粮食完全是两码事。有些人认为，一个人只有热情没有专业是绝对不行的！事实上，这句话是对的！如果一名银行客户经理专业水平不够，无法对银行产品和相关服务做出准确解答，甚至无法给客户提供有效的帮助，客户又该如何回应你呢？想要取得客户信任，我们必须要提高自己的专业能力，用专业精神、专业态度去服务客户，为客户解决专业性难题。提高专业水平的途径有很多，自学、参加培训都可以。

3. 保持联系

前面我们用较大篇幅阐述"拜访客户"的重要性。拜访客户的目的，就是与客户保持联系。过去人们常说：如果长久没有来往，人的感情就会淡化，人与人之间的距离也会变宽。没有联系，感情淡了，关系也就疏远了。当今社会，就是一种关系社会。关系是一种人脉，借助人脉关系就能促成生意。为何许多商业银行、企业过年过节都要走访、回访客户呢？目的也是如此。保持一种良好的互动联系，才能增进信任与友谊。

4. 保持形象

记得有一位客户发表"信任"感慨，他提到一个词：形象！形象是一种礼仪，一种体面，一种尊重他人的方式。就像一个人出席晚宴，穿燕尾服、配领结是晚宴"标配"。对于商业银行客户经理而言，"标配"就是整齐的工装打扮和良好的个人形象。如果一个蓬头垢面、指甲藏着污垢的人站在客户面前，客户内心是否是"崩溃"的呢？如果是一位干净的、穿着打扮整齐的、举止优雅、谈吐大方自信的人站在客户面前，自然会给客户留下好印象，并逐渐产生信任。

5. 保持温和

事实上，一个温文尔雅的人才能给客户带来温暖。某银行行长认为："温和是一种武器，它并非没有立场，而是一种控制场面的手段。"我们常常看到那些温和的、脸上挂着微笑的、耐心的客户经理，不论客户发脾气、还是诉苦……他们都会保持一种温和的态度，不温不火、不卑不亢。如果客户经理也用愤怒应对客户的愤怒，无疑是火上浇油的。保持温和，保持一种谦虚低调的做人态度，才能感动客户。

6. 保持细心

俗话说，一滴水中见大海，一粒沙中观世界。就是一种观察细微、以小见大，从中找到真理的方法。对于银行客户经理而言，虽然不需要具备如此境界，至少要细心一点，认真观察客户的每一个举动。举个例子：在交谈沟通过程中，客户出现焦虑的神情，客户经理要关注这种焦虑，了解焦虑背后隐藏的问题。如果客户经理更加细心细致一点，把服务做到滴水不漏，就会让客户感受到服务的内质，从而让客户产生信赖感。

7. 保持关注

保持关注与保持联系有相似之处，保持关注更是一种"关怀"的体现。关心客户，关怀客户，定时慰问客户，让客户感受到温暖，客户就会对你产生感激之情。举个例子：某商业银行客户经理长期服务一批退休老年客户，定期上门服务。这种服务并非停留在嘘寒问暖上，而是时刻关注客户的状态。正因如此，退休老年客户对这位客户经理信任有加，心甘情愿将"棺材本"交给这位客户经理打理。这位客户经理也被评为"文明服务之星"！如果我们能够时刻关注客户、关怀客户，为客户"雪中送炭"，就会赢得客户的信任。

除此以外，银行客户经理还要学会换位思考、学会拒绝，掌握一些"知彼知己"的战略战术，提升自己的道德修养和综合业务素质，才会取得客户信任，开启营销新篇章。

三、联动营销第三步：确定需求

有人说，客户的心理是最难以把握的，这种心理变化好似天气，总是变化无常。举个例子：某商业银行客户经理服务一个客户，这个客户相当"难缠"，被称为"滚刀肉"！客户经理用尽浑身解数，才处理完客户的棘手难题。还有一些客户，总试图"讨价还价"，如果"讨价"幅度过大，就不符合商业银行的利益目标。因此，银行客户经理要想尽一切办法确定客户的需求，才能顺利开展下面的业务。

南方有一家商业银行，其中有一项规定：确定客户需求后在制定后续营销策略。有一个企业客户，辗转多家商业银行都没有找到合作伙伴，现实一点说，这个客户想要找一个"冤大头"！来到这家银行后，这家银行的客户经理是这样服务的：首先，确定他的来意；其次，根据来意洽谈后续营销合作的问题……到最后，这个企业客户无法拒绝客户经理的营销服务，反倒竖起大拇指夸赞该银行的服务专业，并大方签订了合作协议。后来这个企业客户的法人代表讲："不是我们挑剔，是这家银行能够满足我们苛刻的需求！"确定客户需求、满足客户需求不就是营销的核心工作吗？

如何才能确定客户的需求呢？看似难以解答的问题，我们可以通过两个阶段的工作来完成。

1. 关注客户的阶段需求

俗话说，每个人都是会变的！这种变化，通常不是突变，而是一种阶段性的变化，存在一种变化规律。这种变化规律，呈现出四个阶段。

（1）满意阶段：通常来讲，一个客户看到银行客户经理推荐的服务或产品时，都是满意的。这种满意，是建立在一种"不熟悉"或者"认识不够"的基础上的。就像一个人应媒人之约去相亲，第一印象可能是不错的……但是第二印象就很难说了。

（2）变化阶段：事实上，许多客户随着对产品、服务的深入理解，加之对自己条件的分析，会发现该产品和服务并不适合自己，于是就会产生心理变化。以相亲为例，发现相亲对象与自己并不搭配，就会向媒人或者对方提出意见："还是算了吧！"这种变化，会让客户产生抗拒或退缩心理。

（3）寻求阶段：对于一名客户，如果自己的需求出现变化，就会对需求进行"探求"！以相亲为例，一个人会重新思考自己的喜好、自己的兴趣、自己对对方身高体貌、学历家庭的要求。这个寻求阶段，可能非常短暂，也可能非常漫长。银行客户经理可以给予引导，也要给予客户足够的时间去寻求。

（4）确定阶段：经过一段时间的苦思冥想，每一名客户都能够清楚地描述自己对需求的要求。以相亲为例，经过一段时间的思考和评估，一个人能够做出评估：对对方的学历家庭、身高体貌、工作薪水、性格品德等的具体的要求。客户经理也要了解客户对这种需求的变化，并落实需求。

客户对需求产生变化，就会对商业银行的服务、产品有新的要求。因此，便进入第二个阶段的工作。

2. 选择确定需求的方法

事实上，客户刚刚确定需求时，依旧出于一种"悬而未决"的状态。银行客户经理就需要借助科学的方法策略帮助客户拿主意，明确客户的需求。确定客户需求的方法有以下几种。

（1）沟通法：沟通是最简单、最直接的一种方法。通过沟通随访，随时关注客户对需求的变化、要求。如果随访过程中发现客户对需求提出新要求，银行客户经理就需要及时做出反馈，给客户提供有针对性的营销方案。需要提醒的是，沟通法需要银行客户经理时刻保持头脑清醒，不仅要辨别客户需求的真实性，还要为客户提供建设性意见。

（2）观察法：许多客户对需求产生变化，会在行为上有所体现。比如：某客户把银行存款全部提现，并用于其他方面；抑或针对相同的业务咨询不同的商业银行……种种举动，都能够说明客户对需求产生了变化。如果银行客户经理发现客户这样的举动，就需要重视了！想方设法接近客户，与客户进行协商，共同找到解决问题的办法，确定客户的真实需求。

（3）评价法：还有一些客户，并不会直接对银行的某个产品或服务发表看法，而且采取一种对比评价的方式。举个例子：某个客户向你反映，某某银行某款产品收益率比贵行的产品收益率高。如果得到这样的评价，银行客户经理就需要采取一定的对策。所谓"田忌赛马"的方式，就是向客户展示对各大银行产品、服务多维度的对比结果，让客户了解贵行优势。通过这种评价对比，消除客户的内心疑惑，帮助客户确定需求。

确定需求的方法还有很多，比如询问法、协商法、记录调查法等。确定客户需求，商业银行才能辩证制定营销策略，对客户进行精确营销。

四、联动营销第四步：呈现方案

　　有一家商业银行，一个叫王健的客户经理营销某大型民企。王经理为了成功做好营销，连续一个月没有休息好。有些人好奇，问王健："你都忙些什么？跟着行长走一趟不就解决问题了？"

　　王健认为："虽然行长是我们的好行长，但是行长也不等于尚方宝剑啊！我们要靠方案解决问题。"王健坚持认为，营销方案是整个营销环节的重中之重。营销方案就是"产品—服务"组合，产品组合好，服务到位，就能满足客户的需求。因此，为了给客户呈现这个方案，他耗费极大的心血。甚至他让其妻子为其设计幻灯片给客户进行现场演示。

　　一个月后，王健带着自己的方案来到这家公司。然后在公司董事会成员的面前现场讲解为这家公司特意设计的"产品—营销"方案。公司董事会成员看过之后，纷纷点头肯定。王健凭借自己的方案，在没有借助任何其他关系人脉的情况下成功营销大企业客户，创造了属于自己的奇迹。

事实上，这样的成功案例并不少。但是许多成功案例都有一个共同的特点：对客户成功呈现方案。如何才能成功呈现方案呢？通常来讲，银行客户经理也要借助一定的呈现技巧向客户进行有效展示。

1. 向客户展示方案的优点和特色

某商业银行向某客户展示的方案开头是这样写的：这一套产品可以帮助您实现财产配置和财产增值的目的。这个非常重要，因为当下低风险、高收益的同类理财产品并不多，您会因为这套产品而实现5%的年收益。5%的年收益看上去并不高，但是其接近0的风险概率以及商业银行的信用保证，可以确保这笔受益能够100%收入您的口袋里。因此，您会发现它的价值……与此同时，我行还有数以百计的客户也选择了这样的理财方案。

通过上面的案例，我们能够感受到这则案例中展示方案的"措辞"的重要性。严谨的措辞，可以呈现出方案的优点和特色，

2. 向客户展示方案的利益点

某商业银行向某客户展示的方案是这样描述的：这套方案是一套兼具储蓄与理财的综合方案，在任何情况下它都能够为您带来稳定的收益。尤其在生活指数增高、购买力下降的情况下，确保您的财产稳中有升。这套方案，低风险，高收益，可以让您的生活更加舒适、惬意。

通过这样的展示，客户能够看到方案的具体价值，并产生购买欲望。因此，向客户展示方案的价值和利益，是非常有意义的。

3. 向客户展示方案所注意的要素

向客户呈现方案，也要像讲一堂课那样注重银行客户经理的仪表、呈现语言、呈现方式等六大要素。

（1）个人形象：形象是老生常态的话题，向客户呈现方案时，银行客户经理一定要穿着得体、姿态优雅、动作形象干练、充满阳光与自信。

（2）内容简练：有些人为了引起客户的重视，把一个方案改编成一个故

事。故事虽然很精彩，但是却让客户听傻了。事实上，方案就是一个方案，它需要用最简单、直接的形式向客户进行呈现。

（3）层次突出：有时候，一个方案中涵盖几种产品和几项服务。向客户展示的过程中，要坚持"一层一个重点"的呈现方式，不要将所有的产品和服务集中在一起去讲解。层次突出，更易于客户理解、消化。

（4）语言通俗：客户不是银行职员，如果选择银行专业术语进行呈现，会给人一种晦涩难懂的感觉。所以银行客户经理要选择一种通俗易懂的语言对客户进行呈现。

（5）低调呈现：方案呈现过程中，银行客户经理要选择一种朴实、低调的呈现方式进行呈现，呈现语气也要温和、适中。如今，有些年轻客户经理为了展示其"才华"，用一种个性化的方式进行呈现，反倒令客户反感。

（6）注重方法：方案呈现需要借助一定的方式方法，比如在PowerPoint中插入图片、表格、音乐、视频等，丰富方案呈现方式。还要借助比较法，列出同行业之间的产品，并进行比较，给客户一种直观展现，让客户进行比较选择。另外，借助比喻或者幽默的段子也能够让方案呈现得更加精彩有趣，从而吸引客户的注意力，引发客户的兴趣。

方案的呈现是整个营销过程的"演绎"环节。俗话说，人生如戏，全靠演技！方案呈现也需要银行客户经理学习一点"演技"，因此才能让营销方案呈现得更加精彩、有效。

五、联动营销第五步：消除异议

许多时候，银行客户经理与客户谈判都会遇到异议。双方存在异议是正常的，没有异议的谈判似乎少之又少。产生异议的原因有很多，比如沟通不畅、产品或服务不符合客户需求、对合作中的某些条款的解读存在差异等。有些银行客户经理能够沉着冷静，借助一定的方法、策略消除异议；还有一些银行客户经理遇事惊慌，找不到良好的解决方式，致使双方不欢而散，丢掉来之不易的营销机会。消除异议是一项非常重要的工作，对开展公私联动营销有推动作用。

如何才能消除客户存在的异议呢？虽然有很多方法，但是归纳总结却有三步工作。

第一步：避免冲突。

有些银行客户经理脾气比较火爆，在双方产生异议后，会爆发自己的脾气，对客户出言不逊。事实上，这种做法无疑是火上浇油的，让彼此间的冲突愈演愈烈，影响商业银行的形象。想要解决问题，避免冲突、防止异议扩大化是最重要的一项工作。因此，银行客户经理首先要冷静，其次要冷静，再次还是要冷静……只有头脑保持冷静，不要与客户硬碰硬，缓和紧张对峙的气氛，能够展开"危机公关"，选择换位思考法聆听客户的建议，才能避免冲突。

第二步：选择时机。

异议的处理时机非常重要，选择最合适的时机进行处理，不仅能够加速缓解异议，还能以最快的速度将客户重新拉回到谈判桌前。

（1）立即处理：并不是所有的异议都适合采取立即处理的方式，这种方式只是针对营销过程中对产品、服务产生怀疑或者轻度异议较为适用。比如，客户发现银行客户经理推荐的产品不符合自己的要求，就会提出异议。对于这样的异议，银行客户经理可以快速做出处理，比如对产品进行进一步解释或者为客户更换其他产品。

（2）防范处理：异议是一种常见现象，许多商业银行在与客户开启营销之前，会对客户进行提前告知，比如向客户提前表达"某产品或服务并不能100%符合客户需求"之类的开场白。提前告知，客户有了心理准备，就会减少营销沟通过程中所产生的异议。此类处理方式，只是针对常规异议，对非常规异议并不能起到预防作用。

（3）延迟处理：有一些异议是非常剧烈的，甚至可以用"撕破脸"来形容。对待这种异议，银行客户经理需要将"异议"暂时搁置，让客户完全冷静下来后，再进行处理。还有一些商业银行有自己的"异议"处理机构，客户对银行服务等存在异议，可以直接进行投诉处理。

第三步：处理异议。

如果前面两项工作能够落实到位，银行客户经理就可以开启异议处理工作。异议处理工作有以下四项。

1. 选择开场白

处理异议时，选择开场白十分有必要。比如，有些银行客户经理以道歉的口吻开场："对不起先生/女士，以后我们需要加强服务质量！"还有一些银行客户经理选择感谢的口吻开场："先生/女士，感谢您的宝贵意见！为了您，我们银行重新为您设计了方案。"不管是如何开场，选择诚恳、肯定、赞美的语言，都是对客户的一种尊重。

2. 找到异议根源

中医有个说法叫对症下药。何为"对症下药"呢？就是分析并找到争议的原因。寻根溯源的方法有两个：第一个，对营销过程进行复盘，通过不断自问，找到异议的原因。第二个，借助问题直接询问客户，让客户说出异议的原因。举个例子：您认为是我们的服务不周还是给您提供的产品有异议？如果包含在内，客户就会直接给出答案。需要提醒一点，采取提问法寻根溯源时，应该注意发问的语气，避免引起不必要的争执。

3. 给予正确解答

解答异议是非常重要的一个过程。在这里，银行客户经理可以采取一定的方法，比如"认同法"。"认同法"就是在处理过程中不断寻求客户的"认同点"，然后进一步拉近银行与客户的距离。"认同法"并非是一种妥协法，而是一种"加减法"。就是在寻求认同过程中，让双方各退一步。通过这种方法处理，能够让双方快速达成一致。另外，还有比喻法、归纳法、求同存异法、摊牌法等，针对不同的客户可以选择不同的应对策略。不管如何，能够给出正确解答，才能消除客户异议。

4. 重启营销服务

消除异议的目的，就是为了重启营销服务。如果双方异议得到妥善解决，大多数客户愿意继续进行合作。因此，银行客户经理要向客户发出邀请，请他回到谈判席。对于不愿意继续合作的客户，也要予以理解，并送上祝福。

化解客户异议是一项工作，更是一种技能。日常工作中，商业银行管理者以及其他工作人员要掌握并苦练这一技能。化解客户异议，才能留住客户的脚步，继而为公私联动营销创造条件。

六、联动营销第六步：促进成交

　　一次成功的营销，需要将产品卖到客户的手里。不管是一手交钱一手交货，还是签订合作协议，都是一种营销成交的方式。有些营销人员，吆喝得挺响，场面也铺得很大，但是却无法促成成交……言外之意，这就是一次失败的交易。还有一些营销人员，虽然不温不火，似乎也没有出众华丽的技巧，但却能够将产品卖到客户手里……不得不说，这也是一种本领。

　　俗话说得好，从北京到南京，买的不如卖的精。互联网时代，似乎把这一现象倒了过来。如今是买方市场，客户说了算。就算客户对你的产品感兴趣，也不会立刻选择购买。他们会货比三家，选择性价比最高的一种。另外，客户购买产品的时候，还希望得到其他"附赠"的产品或服务。虽然"贪得无厌"是一个贬义词，但是赚便宜的心理几乎人人都有。因此，想要促进成交，就需要360度满足客户的需求。那么如何才能促进成交呢？我们可以采取六种策略激发客户的兴趣，让客户主动提出签约。

1. 拓展服务渠道

这里的渠道，并不是引流获客的渠道，而是服务渠道。客户发现，许多商业银行的产品并无问题，问题出在服务层面上，或者更多指向服务的渠道太少，抑或服务渠道过于单一。因此，商业银行管理者要想尽办法拓展服务渠道，为服务客户提供便利。互联网时代，"一站式服务"再次提上日程，打造一站式服务渠道更是未来发展的方向之一。

2. 帮助客户建立需求

许多客户看不到自己的需求，或者认为自己没有需求，不需要去购买。有时候，我们用"一叶障目"来形容。当然，这样的形容并不准确，至少客户并未形成一种"需求意识"。这该怎么办呢？对于银行客户经理而言，帮助客户建立"需求意识"是非常重要的。这种"意识"就像盖一座摩天大楼，短时间无法完成。银行客户经理要通过宣传、服务等方式对客户进行潜移默化般地影响，才能让客户建立起"需求意识"。

3. 做足引导工作

一名优秀的银行客户经理，也是一名技术精湛的心理咨询师。他可以通过科学引导或者心理暗示法，刺激客户需求，并将客户引向成交的方向。如果我们采取一种"叫卖式"的营销方式，让客户进行自由选择，恐怕客户还会选择其他银行的相关产品。以引导营销代替叫卖式营销，是转化需求的重要方式。

4. 注重各种细节

山东某中行，一名获得服务之星称号的客户经理说过一句话："注重服务细节，才能打动客户。"这名客户经理服务客户，不仅关注客户的需求，同时还关注客户心理变化的任何一个细节……比如客户口渴抿嘴，他会及时为客户递上一杯水进行解渴。重视细节，就是细微之处见功力。如果把服务做到极致，给客户带来极致的体验，客户就会主动进行签约。

5. 抓住成交时机

俗话说，机不可失。能够"把握机会、促进成交"是银行客户经理必须掌握的一项技能。甚至前通用电气CEO杰克·韦尔奇也认为："不分时机的销售都是死路一条！"通常而言，银行客户经理要学会洞察客户发出的各种信号，并对每一种信号进行识别。如果发现客户有购买意向时，就要主动出击，变被动为主动。需要提醒的是，营销是"变量"，在结果还不明朗之前，银行客户经理一定要有耐心，莫要急于求成。

6. 点燃客户的欲望

世界上有一类营销天才，他们确实有一种"把稻草说成黄金"的能力。这种能力，能够点燃客户的购买欲望。如果我们能够掌握一定的方式方法，就可以做到这一点。

（1）激将法：如果客户存在一种犹豫不决或者"逆反"心理时，银行客户经理可以采取这种方法，借助刺激性的话语鼓励客户去尝试。

（2）促销法：对于公私联动活动而言，都有相关的"促销产品"，这类产品不仅有价格、政策优势，而且还能够满足客户的需求。向客户进行促销推荐，也能够点燃某些客户的欲望。

（3）物以稀为贵法：对于公私联动活动而言，也会有一些限量发售的产品。这类产品数量有限，有资源优势。如果让客户知道该产品的稀缺性，就会引发他们的兴趣。

（4）体验法：许多产品或服务，只有让客户亲身体验，才能让他们感兴趣。因此，商业银行在开展活动期间，需要开设服务体验区，主动邀请客户体验。客户体验感好，就会主动选择购买。

除了以上六种方式外，银行客户经理还要帮助客户梳理思路，想方设法成为客户的"知心人"。只有这样，才能促进成交，帮助商业银行做好营销工作。

七、联动营销第七步：客户反馈

古代有一个人叫孙五，他在集市上开设了一个菜刀店。集市上许多人都说孙五的菜刀结实耐用、久不卷刃。因此，许多人远道而来，只为买一把孙五亲自打造的菜刀。

孙五的菜刀供不应求，为了提高产量，孙五请了一个徒弟……事实上，孙五的菜刀多半由其徒弟打造，而非孙五亲手打造。有一年，一个外地来的顾客买了一把孙五菜刀，便高高兴兴回去了。但是没有想到，不到一个月，这个顾客便提着卷刃的菜刀找到孙五："你的菜刀不是三年不卷刃吗？我这才刚刚用了一个月就卷刃了！你怎么解释？要么你退钱，要么你现在亲手给我打一把！"

孙五心里明白，这把菜刀是其徒弟打造的。但是为了维护自己的脸面，孙五办了一件傻事，他拒绝客户的请求，并辩解道："这把菜刀明明不是我家的菜刀，你可不要骗人哦！"

这句话把顾客惹急了，他挥着菜刀向过往人群大声吆喝："这就是你们说的好菜刀，这就是你们口碑相传的菜刀店！"许多人看到这一幕后，对孙五和他的菜刀店感到失望。自此之后，孙五的菜刀虽然也有销量，但是大不如前。

这则故事告诉人们：做生意要实实在在，不能欺骗消费者。另外也告诉我们：重视客户的反馈和意见，才能保证营销质量，留住客户。这里提到一个词——客户反馈。什么是客户反馈呢？就是一名客户对营销活动的看法和意见。如果是积极、正面的回馈，商业银行可以坚持既往的营销与服务；如果是消极、负面的反馈，商业银行应收集客户的反馈信息，正确处理存在的问题，给客户一个圆满的答复。

1. 收集客户的反馈信息

对于大多数商业银行而言，都有客户投诉、反馈的平台；也有少部分商业银行并未建立相关平台或者并未启用相关平台。客户反馈信息得不到收集，就无法帮助客户解决问题。通常而言，常见的反馈信息收集方法有以下六种。

（1）调查问卷法：如今，许多商业银行都会给客户定期发放调查问卷，收集客户反馈的信息。互联网时代，也让这种调查问卷更加简单。比如某些银行客户经理借助微信、QQ等移动互联网工具直接向客户发放调查问卷表；也有一些客户经理在服务客户过程中，向老客户提供调查问卷表。

（2）互动法：也有一些商业银行有自主的"互动平台"，客户可以借助这种线上平台直接与商业银行建立一种沟通、反馈桥梁。通过这种线上平台，客户向商业银行进行反馈，反馈信息也会形成记录进行保存，并将该记录交给责任部门或责任人进行现场处理。

（3）产品回馈表法：有一些商业银行非常细心，营销一种产品，都会在产品背后附录一份产品信息回馈表格。如果客户对该产品有意见和看法，就可以直接填写意见表，并将表格邮寄或者E-mail给商业银行。这种信息回馈收集法，似乎更加有针对性。

（4）会面法：商业银行在举办公私联动营销活动期间，应该设立活动反馈小组，与各大客户进行接洽、会面。通过面对面沟通、聆听等方式，记录并收集客户提供的反馈信息。

（5）上门服务法：商业银行常常会组织上门营销活动，银行客户经理在上门营销或上门走访过程中，可以直接对客户反馈信息进行搜集。这种方法，可以将营销、走访、反馈、维护等四大重要工作进行有机结合，为客户提供更全面、更体贴的服务。

（6）沙龙法或年会法：商业银行常常组织企业客户或VIP个人客户参加银行举办的沙龙或年会。沙龙和年会不仅能够对客户进行二次营销，同样也是一种回馈客户的方式。在沙龙和年会上，银行客户经理可以借机搜集客户反馈信息，并给予正确处理。

当然，搜集客户反馈信息的办法还有许多种，银行客户经理可以根据实际情况选择使用一种或者多种。

2. 客户反馈信息的处理过程

想要解决营销难题，就必须把客户反馈的问题解决好。因此，在信息处理过程中要坚持"五步"处理法。

（1）接待客户时，要按照商务礼仪的标准接纳客户。银行客户经理或相关人员以微笑和真诚的语言尊重客户，消除客户的紧张感和抵触情绪。

（2）对于商业银行或银行客户经理提供的不周到服务，应诚恳向客户进行道歉，给足客户面子，让客户感受到商业银行处理反馈信息的诚意。

（3）在处理过程中，要坚持"少问多听"、"少说多记"的方式，记录客户的反馈信息，并借助冷静头脑找到问题的核心部分。

（4）换位思考，在心理上给予客户鼎力支持。鼓励客户与商业银行一起建立"纠正方案"，邀请客户共同面对问题、解决问题。

（5）站在客户的角度上，发表信息处理意见。需要提醒的是，银行客户经理要始终坚持"银行利益为上"的原则。在基本原则不变的基础上，对客户做出有效承诺。

客户反馈信息的收集与处理，是提高商业银行服务、优化营销方案的基础。通过这种方式，商业银行可以提升客户的满意度与忠诚度，从而促进公私联动营销活动的顺利开展。

八、联动营销第八步：效果评价

　　人们都有过求学经历，求学时也都写过作文。作文写完之后，老师会给予评语。比如，某某作文写得不错，措辞严谨，如果插入一些生动的叙事描写，作文会更加生动。如果这位学生听从老师的建议，就会在下一次作文中加入生动的叙事描写部分，从而提高写作能力和作文成绩。

　　评价是一种"标准"，是对之前工作的总结和检测。商业银行为什么要对公私联动营销效果进行评价呢？有五大作用：第一，对阶段性的营销工作进行检查；第二，通过检查，发现营销工作存在的问题；第三，寻找与成功银行或成功营销案例之间的差距，找到存在差距的因素；第四，找到解决问题的办法，并制定出营销新策略和新方向；第五，借助新策略改善营销，提高公私联动的营销效果。另外，效果评价是一种"循环"装置，类似于"戴明环"。商业银行需要长期坚持使用这种"装置"，才能起到改善与促进作用。

营销效果评价是一种科学管理方式，它需要商业银行管理者从客户、员工、社会三个角度进行评价。

1. 客户角度

俗话说，客户是商业银行的"上帝"，"上帝"的力量是无所不能的。这就告诉我们，客户完全有能力左右整个营销的质量和效果。客户给予高度评价，就是对商业银行的嘉奖，商业银行也会在口碑、形象、利润等诸多方面受益；客户给予低劣评价，就是对商业银行的批评，商业银行也会在口碑、形象、品牌建设、利润等方面受损。

前面，我们介绍了商业银行如何处理客户反馈信息的问题。客户的反馈意见，就是对商业银行及营销活动的评价。比如：客户对服务不满，商业银行就需要加强服务质量；客户对产品不满，商业银行就需要创新研发产品；客户对体验不满，商业银行就需要在"客户体验"方面下功夫；客户对办事效率不满，商业银行就要想尽办法提升办事效率……总之，让客户的意见成为营销效果评价，是改善营销工作的关键。

2. 员工角度

有些商业银行管理者，出现问题就去埋怨员工，认为这一切都是员工造成的。俗话说，凡事无绝对！一个优秀的管理者，在出现问题的时候，首先对自己进行剖析，找到自己应负的责任；其次，再去寻找员工应负的责任。在进行员工角度的效果评价时，应该从两个方面入手。

第一方面：员工意见。

员工的精神面貌和工作状态，对营销效果会产生重要作用。如果员工精神面貌不好，积极程度不高，商业银行管理者就需要分析原因，或者征求员工意见。一般而言，影响员工营销效果有四个因素：① 缺少后台支持，无法顺利开展工作；② 没有得到授权，工作束手束脚；③ 缺乏激励机制，工作没有激情、没有方向、没有成就；④ 工作环境无法给予更好的施展空间。员工意见能够给效果评价提供有力的支持。

第二方面：员工绩效。

员工绩效就是劳动效率。绩效越高，营销效果越好；绩效越低，营销效果越差。影响员工绩效成绩也有四个因素：① 营销技能不熟练，不能将客户需求转化为营销结果；② 出勤率也会影响到绩效成绩；③ 员工与组织存在矛盾，这种矛盾对工作积极性产生影响；④ 营销方案不科学，员工无法体现绩效。如果商业银行对员工绩效做出评价，也就能够解决员工绩效差的难题。

3. 社会角度

商业银行的营销活动，同样具有社会影响力。通常来讲，营销活动举办的越成功，能够提升社会影响力和银行的品牌号召力；反之，亦是如此。公私联动营销活动成功与否，我们还要广泛听取社会的声音和评价。比如：社会公众对商业银行营销活动的评价；报刊、媒体对商业银行营销活动的评价；政府部门对商业银行营销活动的评价；商业银行营销产品是否合法、合理、合情，是否符合社会价值规律；商业银行的社会口碑、整体评价又是如何；商业银行营销活动是否为社会创造了经济效益和社会效益等。除此之外，商业银行还要广泛听取业界权威人士的意见，以此为根据，对营销活动效果进行评价。

总之，效果评价有导向、激励、诊断、监督、规范、比较的作用。坚持科学评价，对商业银行开展公私联动营销有更积极的意义。

九、联动营销第九步：评估调整

完善整个营销管理，商业银行还要健全评估调整机制。什么是评估调整呢？就是根据效果评估结果调整营销方案和营销对策，从而确保营销质量和营销效果。俗话说，知错能改、善莫大焉。评估调整，就是一个纠正、改错的过程。

南方某商业银行开展公私联动营销，营销某公司开户时，客户经理与客户发生了争执。后来经过评估，找到了原因。按照银行行长的解释："客户经理比较年轻，工作经验不足，在客户公关方面有所欠缺。"因此，商业银行为了解决这样的问题，采取了两个"纠正"措施。

首先，这家商业银行将年轻的、经验欠缺的客户经理调整到"个金战线"，负责个人客户营销以及对公客户营销的后勤保障工作，充当"师傅"小帮手。其次，这家商业银行为年轻客户经理组织培训课堂，借助培训的方式提高他们的营销技能、公关本领和客情关系维护方法。

通过两个"纠正"措施，该商业银行面临的相关问题得到了顺利解决。除此以外，该商业银行还在公私联动活动中发现了一些其他问题……他们向上级行"取经"，借助成熟的管理经验解决了开展公私联动活动经验不足的难题。通过"评估纠错"等措施，这家商业银行成功开展了公私联动营销活动，实现了2017首季开门红、满堂红。

评估调整是一项十分重要的工作，商业银行管理者及客户经理应该如何进行调整、纠错呢？通常来讲，从两个角度入手。

（一）调整思维

一次成功的营销，也需要成功的思维。如果之前的营销工作出现了问题，多半是"思想"与"行动"无法统一协调。因此，调整自己的大脑，改变自己的思维，是非常有意义的。

1. 立场思维

有时候，客户常常抱怨我们的工作不到位，根本没有做到"急客户之所急、思客户之所思"！言外之意，就是客户经理们没有把握好自己的服务角色，为客户着想。因此，客户经理要学会思维转换，站在客户的立场上思考问题。如果能够做到与客户同心，就能让客户感到满意。

2. 目标思维

有数据显示，48%的人遇到难啃的硬骨头会选择退缩，只有20%的人才能坚持到最后。事实发现，人们缺少目标导向的力量是半途而废的主要因素。因此，银行客户经理要始终坚持以目标为导向，把营销目标当成自己的人生奋斗目标，养成一种目标思维，就能把营销工作贯彻到底。

3. 化解思维

世界上有一种"不喜形于色"的人，这种人似乎天生具有一种保护色，能够胜任多种角色。说到底，我们可以用一个词来形容：化解。何为化解呢？就是能够把郁闷、焦躁、愤怒、悲伤等负面情绪合理转化，让自己保持一种冷静、镇定、乐观的状态。良好的工作状态，才是做好营销工作的基础。

4. 自信思维

许多银行客户经理面对一些气场很大的客户，就会显得不自然、放不开。这种自卑，是无法推动营销进程的。因此，银行客户经理要常常照镜子给自己一个微笑，敢于大胆发言，建立自信。有了自信，才能推动营销。事实上，95%的客户愿意与自信心十足的客户经理进行合作。

（二）调整行动

思维与行动，是一个人的左右手。思维决定行动，行动践行思维。因此，评估调整的另外一项重要工作，就是迅速调整自己的行动。

1. 从"等会处理"到"马上处理"

客户常常抱怨银行客户经理的办事效率和处理问题的能力……总给人一种"等等吧"的感觉。等得时间越久，客户流失的可能性也就越大。因此，银行客户经理一定要改掉"懈怠"的毛病，从"等会处理"到"马上处理"。对客户拿出自己的行动和诚意，才能打动客户。

2. 从"一"到"二"

中国有一种传统思维是，有一说一，有二说二。这种思维方式，虽然是一种老夫子式、规范式的思维方式，在互联网时代，似乎就有点过时了。许多客户反映，银行客户经理根本无法提供更好的产品组合和服务组合！因此，我们要重新反思，是不是被这种"一是一"、"二是二"的行为模式所牵绊。对于银行客户经理而言，从"一"到"二"，举一反三，才能给客户带来符合胃口的产品和服务。如果一旦突破思维，就要马上付之行动。

3. 从"营销"到"服务"

俗话说，营销就是一种服务。营销，就是把服务做到极致。许多银行客户经理为营销而营销，虽然很刻苦、很积极，但却没有取得令人满意的成绩。所以，我们要回归"服务"的本质，用"服务"推动营销。服务质量上去了，服务更加细致了，就能让客户感受到商业银行的良苦用心。

评估调整是极具现实意义的。它不仅能够优化公私联动营销，还能规范、调整银行管理者和员工的思维方式和行动方式，对银行营销管理工作有积极地推进作用。

第
九
章

公私联动客情关系维护

一、公私联动下的客户关系特征

商业银行开展公私联动活动，是以营销客户、服务客户为目的的营销活动。在活动过程中，商业银行与客户形成一种交易关系，这种交易关系也被称为客户关系。通常来讲，双方关系越紧密，所产生的经济效益与社会效益也就越大；双方关系越疏远，也就不会产生任何效应。因此，商业银行与客户的关系越紧密越好，越牢固越好。

公私联动下的客户关系有四种特征，即买卖关系、供需关系、合作关系、战略关系。

1. 买卖关系

买卖关系是一种非常简单的合作关系，也强调"买与卖"的过程。举个例子：顾客去菜市场买菜，然后从某菜摊上买了三块钱的西红柿；后来这个顾客又在某肉摊上买了1斤猪肉……这种买卖关系，存在很大的偶然性。客户挑选比较自由，可以选择任意商户的任意产品，只要价位、质量符合要求，便可以掏钱购买。对于商户而言，商户采取"叫卖式"营销方式，他们没有固定客户，完全靠人流量带动营销。还有一种买卖，叫"一锤子"买卖，这种买卖关系只有一次，不会有第二次！这种"自由"的关系，甚至不需要维护，完全凭借所谓的"缘分"。换句话说，这种买卖关系还算不上合作关系。

2. 供需关系

"供需"一词在计划经济时代，绝对是一个明星词汇。计划经济时代，由于物资匮乏，于是某部门或企业采取一种统一管理、统一分配、按量供应的方式满足人们的基本需求。有人说：计划供应才是一种"供需"。"供需"同样是一种简单的关系，客户有需求，商业银行满足客户需求。就像一个人饿了，食堂供应馒头和青菜一样。这种供需关系，似乎只能解决"温饱"，却不能满足客户的更高需求。举个例子：老百姓几乎都有储蓄的需求，把钱存进银行就能够满足他的基本需求。如果老百姓有理财需求，或许就会把钱取出来，然后投资股票、期货、房地产等。但是供需关系较买卖关系要更近一步，这样的关系就需要商业银行进行必要维护。维护得好，能持续这种关系；维护不好，也会终止这种关系。

3. 伙伴关系

如今，许多人都在提"伙伴"二字。有人说："只要小伙伴彼此团结，就会创造无限可能！"伙伴，一定是一种"亲密"的关系，甚至是一种朋友关系。莎士比亚认为："朋友间必须患难相济，那才能说得上是真正的友谊。"伙伴关系是一种需要高度维护的关系，如果关系维护不好，友谊的小船说翻就翻！在这种亲密的关系下，商业银行会为客户提供一整套长期合作的"产品—服务"组合。商业银行服务用心，客户也有一定的忠诚度。如果能够将这种"伙伴关系"保持下去，也会为彼此带来更高、更核心的价值。某商业银行行长认为："客户就是银行的伙伴！把客户当成伙伴，才能体现商业银行的责任和价值！"

4. 战略关系

人们常常能够听到这样一则新闻：两国首脑会晤，双方认可当下这种伙伴国关系；为了进一步促进两国的交流与发展，建立一种全面的、战略合作关系！也就是说，战略关系是伙伴关系的2.0升级版本！战略关系，就像形成一种"联盟"，这种"联盟"在古代时期也叫"联姻"，就像"夫妻关系"一起亲密。举个例子：某商业银行与某企业成立战略关系后，该商业银行不仅为其提供一切与"金融"相关的服务，甚至还能够推动该企业的发展。该企业在发展壮大之余，也会进一步加深与该银行的合作力度，也为该银行创造了巨大经济效益和品牌效益。战略关系是一种"深度"合作关系，双方之间有一种责任和契约。这种关系需要双方共同的维护和努力，才能长远地发展下去。

互联网时代，人与人之间的距离似乎更加疏远了。但是商业银行之间的竞争却越来越激烈，能够与客户建立伙伴关系或战略关系是非常艰巨的一项工作。但是不管怎样，紧密程度高、合作粘性强的客户关系才是商业银行所急需的客户关系。就像某商业银行行长所言："我希望我们银行能够与每一个客户建立一种战略伙伴关系，用我们的服务、产品、口碑，为客户创造最大价值，从而完成我们银行与银行人的历史使命！"

二、客户关系维护的十大原则

人与人之间的关系，是非常微妙的。比如，夫妻关系，双方共同维护自己的婚姻，就能让夫妻关系更加和谐；如果双方不去维护，夫妻关系可能就会出现问题。夫妻关系尚且如此，朋友关系、客户关系也是这样。

有人说："关系就是效益！"关系好，客户就能带来生意；关系差，客户就会流失掉。夯实客户关系，让客户关系上升到伙伴关系和战略关系高度，就能产生一种关系经济效应。商业银行开展公私联动营销，需要借助这种"关系"提升营销质量。因此，商业银行客户经理不仅要想尽办法做好营销，而且还要用心维护客户关系，成为客户最信赖的朋友。通常来讲，银行客户经理要掌握客户关系维护十大原则。

1. "靠山"原则

许多客户来到银行，就是为了寻求帮助。比如，年轻人喜欢网上购物，需要办理网上银行，银行客户经理就需要迅速为其办理，帮助年轻人实现心愿。比如老年人用退休金理财，银行客户经理要掌握老年人的理财心理，推荐低风险、收益平稳的理财产品，实现老年人的理财愿望。这么做的目的，就是给客户一座"靠山"，让他们依赖商业银行，信赖银行客户经理。

2. 双方满意

营销是一种"交易"，交易需要双方站在同一水平线上，在双方自愿、平等的前提下，才能促成交易。交易过程中，银行客户经理与客户不免会出现摩擦。但是银行客户经理要有一种"化干戈为玉帛"的能力，减少交易摩擦，寻求交易的一致性。如果双方能够达成共识，就能让双方都感到满意。银行客户经理完成了销售任务，客户也能实现自己的需求。

3. 刚柔并济

什么是刚柔并济呢？就是能够讨价还价的地方，就要给客户优惠；不能讨价还价的地方，要坚持原则，学会拒绝客户的要求。有时候，喜欢讨价还价的客户会不断试探银行客户经理的底线，希望以最小的代价得到最大的利益。因此，银行客户经理要淡定自如，更要学会灵活应对。刚柔并济，也是一种四两拨千斤的维护方式。既要给足客户面子，又要维护银行利益。只有这样，客户关系才能持久稳定。

4. 言而有信

过去，有些销售人员为了拿下客户，采取一种"连哄带骗"的方式。客户信以为真，签下合同。到了兑现承诺的时候，销售人员却不见踪影……这种言而无信的营销方式会严重破坏刚刚建立起的客户关系。俗话说，不要轻言承诺！如果银行客户经理给了客户承诺，就必须要言而有信。古人言：人无信不立。诚信是客户关系的粘合剂，更是营销工作的助推剂。

5. 适当让步

某银行组织营销活动，有一位客户对活动感到很不满意，他认为："这家银行的服务太差劲了，看似坚持原则，实际上根本没有把客户当成'上帝'。"从这句话中，大家都能够感受到客户的愤怒！寻找问题的过程中，我们发现：银行客户经理强行推介产品，但是又坚持原价，寸步不让，给客户一种不好的印象。因此，银行客户经理要学点"小花样"，采取策略，适当让步。客户得了"便宜"，才会签订合同。

6. 建立友谊

有一些客户来银行办理业务，会奔着某个人去。按照客户的说法："某客户经理是我的朋友，让他帮我办理，我放心！"每次听到这样的话，我们都由衷高兴。银行客户经理成为客户的朋友，也就成为客户最信赖的伙伴。这种友谊关系不仅提升了客户关系的黏度，而且还能够帮助银行将客户身后的资源一并挖掘出来。"以私促公"营销，就是营销朋友资源。

7. 拓展口碑

口碑是什么呢？口碑就是群众的表扬和称赞。有一个著名的网站叫"口碑网"，是一个"口碑"电商平台。口碑好，就会有大量的客户粉丝拥趸；口碑差，就不会有客户上门。口碑好，能够夯实客户关系；口碑差，就会破坏客户关系。聪明的银行客户经理会在营销客户过程中，逐渐树立自己的口碑，赢得客户的信任。客户感到满意，也会帮其宣传口碑。

8. 忠诚到底

战略层面的客户关系，是一种婚姻般的忠诚关系。在维护这样的关系时，银行客户经理不仅要有责任感，更要有忠诚度。换句话说，决不能做破坏"友谊"的行为。有人说：客户关系是一种既牢固、又脆弱的关系。尤其对待重要的客户，客户经理一定要小心翼翼、用心维护；更要善始善终，负责到底。只有这样，才能让客户关系更加牢固。

9. 常常走动

如今，许多商业银行都能够做到这一点。每逢过年过节，银行客户经理都会拜访、走访客户，或者邀请客户参加沙龙，或者组织客户一起参加活动……俗话说，流水不腐、户枢不蠹。常常走动，才能让客户关系更加和谐牢固。客户得到银行的问候，也会支持银行的工作。

10. 极致服务

为什么把"服务"放在最后面呢？因为服务才是营销的核心，服务是维持客户关系的灵魂。极致服务，能够给客户带来极致的享受。商业银行每年都会对评选"文明服务之星"，也是对"服务"的重视。服务做到位，客户才会满意。另外，服务是一种珍贵的美德，服务也能够体现商业银行的品牌与价值。

除此以外，银行客户经理还要坚持做好随访工作，与客户始终保持一种高效沟通的状态。坚持十大原则，我们就能把客户关系维护好！

三、增进客情关系的售后服务

如今，越来越多的企业重视售后服务，甚至把售后服务看成营销的重要环节。许多缺少售后服务的公司，在"服务至上"的时代下纷纷转型或者倒闭……由此可见，售后服务是多么重要的一件事！我们常常看到，许多人选择"大品牌"或者"驰名商标"的原因，就是选择一种"售后服务"。售后服务是一种保障，能够给客户带来一种安全感。就像一位客户所言："如果没有售后，产品出问题了，我们该去找谁呢？"售后服务是营销的最后一个"驿站"，客户来到这个"驿站"，更多是寻求解决问题的办法。如果商业银行能够通过售后服务帮助客户，才能给一次营销画上一个完美的句号。

有一个经典服务言论："不要把客户的请求当作一种麻烦，无论你多忙，都要先服务你的客户，服务客户的时候，你没有借口，因为客户才是你真正的老板，真正为你的工作支付薪水的人。"如果再对比"客户是上帝"

这句话，我们就能够充分理解"服务"的意义。售后服务也是一种重要的服务，这种服务甚至比售前服务还要重要。有人把售后服务看成"压轴大戏"，做好售后服务，才能增进客户感情，并为后续合作打下基础。

北方某商业银行客户经理小张，是一个非常有服务意识的人。最早，他从"信用卡业务"做起，为许多客户办理过信用卡。有一年，有一个客户打来电话，咨询小张信用卡如何激活、如何设置密码、如何进行还款等相关事宜。小张对这位客户进行了非常好的售后服务，并一步一步指导客户，完成了信用卡激活、密码设置等工作。后来，这位客户经常打电话咨询金融相关的各类问题……即使与信用卡无关，小张也会耐心服务。

小张慢慢与这位客户建立了一种信任关系，小张得知这位客户是一位老板，经常驱车往返各省市之间，便趁机向他推广银行ETC业务。这位客户不但没有拒绝小张，很快便来到银行办理了业务。随着这种合作深入，小张彻底将这位客户的需求及人脉资源逐一挖掘了出来。后来，这位客户不但成为该商业银行的白金卡用户和VIP大客户，其客户身后的企业也成为该银行的合作伙伴。按照小张的话说："我的营销起点是从售后服务开始的！"

现实中，这样成功营销的案例非常多见。售后服务不仅适用于信用卡营销，同样适用于公私联动营销。那么售后服务有怎么的作用呢？通常来讲，有四大作用。

1. 获得客户认可

客户带着问题或者疑惑来到售后服务部门，就是希望售后部门给予一个合理的解释。比如某客户购买的电视机出了毛病，希望售后部门给予修理或者退换；某客户购买的商业保险需要理赔，也会致电或上门寻求服务。如果工作人员能够给予正确处理，就会让客户达成所愿。商业银行的售后服务也是如出一辙，其直接的作用就是获得客户认可。

2. 获得客户人脉

就像上面那则故事，小张通过售后服务与客户成了好朋友，并成功营销了客户身后的资源。许多银行客户经理都有过从服务到合作的经历……这种经历是非常美妙的！售后服务做得出色，银行客户经理就能获得客户的认同与赞赏。久而久之，就会产生一种互信关系。人脉，就是一种互信产物。营销工作，需要靠人脉进行推进。

3. 获得客户口碑

俗话说，金杯银杯，不如客户的口碑！如果能够让人们对商业银行口口相传，便会形成一种巨大的广告效应。互联网时代，这种"口碑"传播得更加快速。人们常说：好话不出门，坏话传千里。互联网时代，口碑也好、臭名也罢，可以短时间引发巨大效应。如果商业银行注重售后服务，能够借助服务获得客户口碑，无疑会帮助商业银行打一则免费广告。

4. 开启二次营销

售后服务不是终点，恰恰是二次营销的起点。举个例子：某商业银行开展公私联动营销，银行客户经理在做售后服务过程中对客户进行二次营销，也能取得不错的效果。我们能够看到，许多客户都是在售后服务过程中再次签订新合同。还有一些客户，虽然没有马上决定新合作，如果有相关需要，大多数也会选择与该银行继续合作。

售后是一种服务，也是一种沟通，售后服务还能体现商业银行的形象。如果银行客户经理能够做好售后服务工作，就能提高服务质量，赢得客户信任，夯实客户关系，继而推动营销活动，为银行赢得"开门红"。

四、建立公私联动客户服务体系

　　一个优秀的企业或银行，一定拥有完善的服务体系。有人说，一个企业或银行，80%的工作是围绕服务展开的。从生产研发、到销售控制，都是为客户提供满足需求的产品或服务。对于商业银行而言，产品等同于服务，服务等同于产品。互联网时代，服务思维更加重要。有人认为：能够输出有竞争力的服务，才具备核心竞争力。

　　国内某知名商业银行，有这么几个感人的故事。某年夏天，一位老年客户来银行网点办理业务。由于天气炎热干燥，这位老年客户突发心脏病，情况十分危急。在大堂服务人员的帮助下，让他吃了速效救心丸，然后以最快的速度送往医院，挽救了老年客户的生命。后来老年客户非常感动，拿出自己的积蓄交给银行打理。另外一件事，也是帮助客户"救命"的。一位银行客户的父亲重病住院，因为家境并不宽裕，病人被挡在手术室门外……急需一笔救命钱。银行网点得知这一情况，行长帮助其进行募捐，为其筹集30000元善款，帮客户解决了难题！事实上，这类故事非常多见。从本质上讲，商业银行也是一个服务机构，为客户输出高质量的服务才是自己的责任。

民生银行行长郑万春认为："银行业究其根本是服务行业，优质的银行服务应始于民生人精益求精的态度、全心为客户服务的信念，以此为出发点，不忘初心，始终坚持，才能为客户创造良好的客户体验，让客户享受到精确便捷、提升价值的金融服务。"无独有偶，原工商银行行长姜建清在某经济年会上讲："未来金融业不是一个场所的概念，但一定会是服务需要。唯有适应新环境，持续转型、进化和创新的金融机构才能立于不败之地。"由此可见，只有转型做好服务，建立服务体系，才是商业银行转型发展之路。

公私联动营销是商业银行开展的特色营销模式，同样也需要商业银行管理者设计一套客户服务体系。如何才能建立一套完整的客户服务体系呢？我们要做好几个服务模块，让服务模块形成有机的体系。

1. 建立服务文化

服务是一种意识，更是一种文化。如果商业银行能够筹建一种服务文化理念，就能助推公私联动活动。服务文化包含四个方面。

（1）服务意识：服务意识是一种主动的、为客户提供服务的欲望，是一种起于内心的热情和奉献精神。打造服务文化，首先要培养员工的服务意识，让员工养成良好的服务习惯。

（2）服务承诺：承诺客户的服务，一定要保质保量的去完成。服务就是一种承诺，承诺更需要服务来完成。

（3）服务目标：有些商业银行把服务"量化"，然后对服务进行"考核"，同样也能起到不错的效果。

（4）服务策略：服务策略是一种指导策略，能够为公私联动营销提供指导，帮助商业银行客户经理完成服务工作。

2. 建立服务制度

制度是一种规范，它有很强的指导作用。因此，将服务制度化，借助制度约束人的行为是非常重要的。服务制度包含两个方面。

（1）服务规范：借助相关的服务管理条例，规范商业银行员工的服务行为，确保服务质量。

（2）服务流程：服务流程就是具体的服务实施路径，商业银行员工按照服务路径去服务，标准统一，路径明确，服务效率也能得到保证。

3. 建立服务培训

许多银行员工不知道如何进行服务，怎么做才能让服务更有针对性。因此，这就需要商业银行管理者搭建服务培训平台，借助平台进行与服务相关的培训。另外，还要将培训与服务结合、服务与营销结合，形成一整套服务程序，去影响、改变员工的服务行为和服务方式。

4. 建立服务标准

如今，许多行业都在进行"服务标准化"的建设，商业银行也不例外。什么是服务标准呢？就是满足客户需求的可适性服务范围。服务标准即服务工作目标，有了标准才能让银行客户经理看到服务的方向和服务的程度。制定服务标准，可以按照"量化"原则进行制定，既明确服务矢量、制定服务衡量标准、建立服务标准目标、设定服务时间。服务标准建立起来，才能够将剩余三个模块进行有机整合，从而形成服务体系。

建立客户服务体系是打响服务品牌的基础，也是提高商业银行营销能力的方式之一。有人说，21世纪PK服务，而不是PK产品。谁把服务做扎实，谁就能够率先抢下目标市场。

五、提升公私联动下的客户满意度

古代有一个铁匠，他的铸造刀具的技艺炉火纯青，在当地非常有市场。后来因为战争，铁匠所在的地区成了某部队的后援指挥部和粮草储备部。有一年，一个负责兵器的士官找到铁匠，让他打造设计一种刀剑，让骑兵战士使用。这个铁匠拍着胸脯说："长官，您请放心，我绝对能够设计出骑兵战士喜欢的刀剑，给您一个满意的答复。"

一周之后，这个铁匠交出自己的设计，这个刀剑看上去既实用又锋利。但是几天之后，负责兵器的士官再次找来，然后对铁匠说："铁匠啊，你的刀剑确实不错，但是这个剑柄太短了，不利于战场杀敌了……你重新设计一个吧！"铁匠接受了士官的意见，然后承诺，一周后来取。

一周之后，铁匠交出自己的作品。士官先是对铁匠进行了一番夸赞："确实有很大改观，铁匠辛苦了！"但是没有想到，铁匠的设计还是不到位！为了解决这个问题，铁匠与士官一起去了兵营，先是了解骑兵的意见，然后观察骑兵沙场演习时对刀剑的使用方式，并得出一个改造结论。于是他又拿出一个星期的时间，终于设计出让士官满意、骑兵满意的刀剑。

故事中的铁匠，是一个耐心的、具有服务精神与工匠精神的铁匠。他珍惜来之不易的合作机会，为了满足客户的要求，能够不断对其作品、服务进行调整、升级，继而让客户感到满意。客户满意了，订单也就来了。铁匠收获了2000把刀剑的订单，狂赚一笔，后来还成了军方指定的供货单位。提升客户的满意度，促进销售能力，不也是商业银行亟待解决的问题吗？

什么是客户满意度呢？简言之，就是客户对一个产品、服务的感知效果。感知效果越好，满意度越高；感知效果越差，满意度越低。

首先，我们要了解影响客户满意度的五大因素。

1. 商业银行的口碑

商业银行的知名度和口碑，是对客户产生影响的第一因素。通常来讲，一个银行的知名度与口碑成正比。如果商业银行的知名度和口碑良好，就会给客户带来良好的认知和评价。

2. 商业银行的产品

如今，各商业银行的产品，无论是功能、还是特点，都有相似之处。虽然各产品相似，但是"细微之处"显差别。优化产品，不断地研发新产品，依旧是满足客户需求的重要方面。

3. 商业银行的服务

服务决定一切！事实上，许多商业银行都在做"服务"，甚至选择"服务代替营销"的方案。如果一个客户能够感受到良好的服务体验，也就会产生满足感和幸福感。

4. 商业银行的维护

前面我们用较大篇幅介绍维护客户关系的重要性。客户关系是衡量营销质量、服务质量的主要形式。因此，商业银行的客户经理要与客户保持良好的互动沟通，与客户为友。

5. 商业银行的关怀

提到"关怀"二字，我们会联想到很多，比如员工关怀、客户关怀、人文关怀等。关爱客户，就能够把热情、友情、亲情注入到日常管理和营销活动中。关怀客户，也能得到客户的"照顾"。

其次，我们要了解提升客户满意度的捷径。

1. 提升服务质量

服务质量不好，是商业银行存在的主要问题。服务不到位，客户就会存在意见。举个例子：客户与银行人员发生争执，常常会抱怨一句："你这是什么服务态度？"许多银行人员也会回击："有本事你投诉啊？"你一言、我一句，不但问题没有解决，还把客户气跑了。因此，提高服务质量是提升客户满意度的最佳捷径。

2. 做好服务补救

事实上，银行客户经理在办理业务过程中，也会因为种种问题而犯错。这种错误，有可能会让客户发火或者埋怨。当客户经理发现并意识到问题所在，就需要迅速启动"止损"措施，采取服务补救方式对客户进行道歉、劝说、改善方案、跟踪回访等工作，挽留客户脚步，重新获得客户的信任。

3. 进行感情公关

俗话说，人心都是肉长的。或者说，人都是感情动物。如果感情公关做到位，也会给客户带来好感。举个例子：某商业银行客户经理常常与客户进行"亲戚"般的走访互动，他不仅尊重客户，而且关心客户，甚至成为客户的左右手。在这种感情公关和感情维护下，这位客户经理与许多客户建立了深厚的友谊，客户对他也赞不绝口。

4. 敢于承担责任

保险公司常常出现一个问题：客户需要续保或者取保，发现之前的客户经理已经调离岗位了。找到原客户经理，该客户经理却辩称：自己不再负责该业务，请找别人吧！遇到这样的事，许多客户都会发火。如今，许多银行、企业都采取一种"责任终身制"的方式，让客户经理负责到底。只有敢于承担责任，对客户的合同负责到底，才能获得客户的认同。

提升客户满意度的捷径和方法还有很多。比如银行客户经理提高自己的综合素质，有效利用语言优势等，也能够让客户感到满意。客户满意了、高兴了，才能与商业银行继续合作，才能让商业银行在联动营销过程中受益。

六、公私联动下的客户投诉管理

过去，许多客户遇到问题找不到投诉渠道，问题得不到解决，便放弃了这家商业银行，进而选择其他商业银行。有些银行工作人员竟然还抱怨："有点事就投诉，银行都变成上访中心了！"事实上，有这样的想法是非常不应该的。客户是上帝，客户才算是商业银行的老板……如果我们不去处理"上帝"和"老板"的诉求，就会造成很严重的后果。

管理大师菲利普·科特勒有句话："除了满足客户以外，你还必须取悦他们。"所谓"取悦"，就是让客户高兴。施乐公司创始人约瑟夫·威尔森则认为："我们究竟有没有饭吃，最后还是由客户来决定。"因此，客户在商业银行面前的话语权是极具分量的。商业银行要重视客户的诉求，还要制定客户投诉机制，打造客户投诉平台。

国外有一家商业银行，他们在开展营销活动的同时赠送给客户一种小型榨汁机。虽然只是一个赠品，也是银行的一番心意。但是有一个问题出现了，许多客户将榨汁机拿回家，没有使用几次就出了毛病：不是无法搅动，就是存在漏电问题等。因为是赠品，许多客户并没有上门投诉，而是随手扔掉了。有一个老年客户在办理业务的时候，向客户经理反映："榨汁机用了三次就坏了，你们银行是不是被坑了？"这样一个小问题，引起了银行上下高度重视。银行行长成立调查小组，对"赠品"质量事件进行调查。后来发现，赠送出去的670台榨汁机都有不同程度的问题。行长找到赠品供货商，供货商终于承认：这批产品质量不过关，因为银行的出价实在太低了，他无利可图，只能以次充好。行长虽然有些生气，但是决定提高赠品采购价格，进了一批质量好的名优产品。一个月内，这家商业银行为670名客户全部更换了"赠品"，客户们纷纷对银行的做法竖起大拇指。这家银行的行长认为："对待自己的客户，我们就要像对待上帝那样恭敬、诚信。即使是一个赠品，我们也要让客户感到满意！"

商业银行不要把客户投诉当成一种"投诉"，而应该把它看成一种获取客户反馈信息的重要方式。如果商业银行能够管理好客户投诉，就能够提升服务质量，改变商业银行的形象。

1. 鼓励客户投诉

如今，许多企业、银行都非常重视客户投诉。比如，北方某商业银行主动为上门办理业务的客户递上"投诉表格"，让客户填写投诉表，进行现场投诉。客户填写完毕，每周汇总处理一次：比如提高服务质量、注重服务细节等。还有一些商业银行则在活动期间，由客户经理直接询问："请问你对我们银行有怎样的建议？"听到这样的话，有些客户会说出自己的内心看法。这些内心看法，就是客户的诉求。鼓励客户投诉，就是一种主动求变、寻求自我提高的途径和方法。

2. 建立投诉平台

许多商业银行都有投诉电话和投诉平台，客户可以根据投诉电话直接进行投诉，或者去投诉窗口或平台进行投诉。投诉平台类似于"售后服务中心"，是专门解决客户需求的窗口。商业银行建立投诉平台，也要专人专岗。另外，商业银行还要对投诉平台的服务人员进行专业素质培训，提升他们解决客户诉求的能力，从而为前台服务。

3. 快速处理投诉

有人说：客户都是急性子，一旦"感情"受挫，希望得到马上解决。但是有一些商业银行或企业投诉平台，接到客户的投诉后，要按照所谓的"次序"让客户去排号。这种做法，不但无法解决问题，反倒让客户火冒三丈。甚至有客户生气道："本来就是你们的错，难道来要牺牲我们的时间来帮助你们纠错？"商业银行对待客户的投诉，千万不要一拖再拖，一定要想尽办法马上处理。即使不会马上给出结果，也要用诚恳的话语告诉客户：请您耐心等待，一切都在全速办理中，一定会尽快给你答复！客户听到这样的话，也会心生安慰。

4. 进行投诉补偿

客户进行投诉，多半是商业银行自身原因导致的。如果是商业银行单方面出现的错误，就需要向客户进行道歉，并给予适当补偿。补偿方式有两种，一种是精神补偿，一种是物质补偿。精神补偿，就是对客户进行感情维护和感情公关，让客户的心灵得到慰藉；物质补偿，就是给予一定的赠品补偿，比如赠送粮油米面或者电话卡之类。客户得到补偿，内心就会平衡。

商业银行完善客户投诉管理，也就接受了客户作为"监督者"对商业银行进行监督。只有这样，商业银行才能从客户的"投诉建议"中慢慢成长。

七、公私联动下的客户回访工作

在商业银行组织的营销活动中，进行客户回访工作也是非常重要的。举个例子：某商业银行组织公私联动营销，银行客户经理定期与客户进行沟通回访，了解客户的想法，为客户制定"产品—服务"组合，继而夯实营销基础。客户回访是一种沟通，同样也是一种服务。

首先，商业银行管理者以及员工要了解客户回访工作的意义。

1. 增进感情

有人说，回访是一种感情服务。比如：某银行客户经理定期给客户打电话，了解客户的想法，并向客户报以关心和问候。在这种交流中，客户经理与客户之间的关系会更加和谐，相互感情也会更进一步。

2. 减少投诉

客户为什么选择投诉呢？原因很简单！沟通不畅导致服务缺失，或者客户的问题没有得到妥善解决。回访工作就是关注客户的诉求，通过与客户沟通、互通，帮助客户解决诉求，降低投诉率。

3. 提升客户满意度

前面我们讲到客户满意度对营销的影响力。回访工作可以消除银行与客户之间的交流障碍，从制订营销方案到落地服务客户，都能够按照客户的意愿进行。因此，回访工作可以提升客户的满意度。

4. 促进公私联动

客户回访是公私联动活动中的一项具体工作，也是一项重要工作。回访客户，了解客户的心理变化和潜在需求，为客户量身打造营销方案，与客户达成共识……种种做法都可以促进公私联动营销进展。

其次，商业银行管理者以及员工要认识客户回访工作的两种方式。

1. 业务回访

公私联动营销是一个战线很长、跨度很大、内容复杂的营销方式，不管是以公促私、还是以私带公，都需要对业务进行跟踪、把握。最好的跟踪方式，就是与客户保持回访关系。许多银行客户经理在营销进展到某个流程关节，就会与客户进行沟通回访，了解客户的想法，征求客户的意见。只有这样，商业银行才能对业务进行实时跟踪，从而保证公私联动营销的开展质量。

2. 售后回访

售后回访是非常重要的一项工作。举个例子：某商业银行营销某个人大客户，客户经理每一个阶段都会回访该客户，并询问："您对我们银行的产品满意吗？对现在的收益率感到满意吗？"如果客户感到满意，银行客户经理可以向该客户推荐更好的、更新的银行产品；如果客户感到不满意，就需要为其调整方案。只有这样，才能做好售后服务工作和二次营销工作。

再次，商业银行管理者以及员工要掌握客户回访工作的回访技巧。

1. 内容简明扼要

回访工作需要占用客户的私人时间，因此要旗帜鲜明、言简意赅，迅速切入主题，让客户明确回访的主题和内容。切勿与客户进行"侃大山"式的回访方式，也不要谈及与回访内容无关的话题。

2. 抓住客户需求

回访的目的，就是了解客户需求，抓住客户需求。因此，银行客户经理要将回访内容放在客户需求上，借助简单的问题，快速了解客户，并为客户做出精准的服务。

3. 将回访与走访相结合

有人说，回访效果不如走访。也有人说，走访太麻烦，费时费力，不如电话回访省时省心。如果我们将回访与走访结合在一起，反而能够起到更好的作用。举个例子：某商业银行开展公司联动活动，客户经理每周走访一次客户，两天电话回访一次客户。客户对客户经理的这种用心服务表示称赞。将回访与走访结合使用，更能够体现服务精髓。

4. 选择合理的回访时间

曾经有人反映，某公司销售人员晚上10点打来回访电话，让他感到十分费解和头疼。晚上10点，想必大多数人都已经休息。在这样的时间进行回访，不但起不到任何作用，还为客户平添一种"扰民"的烦恼。银行客户经理一定要选择合适的时间对客户进行回访，比如上午11点到12点时间段，下午4点到5点时间段。在这样的时间段，客户处于工作宽松期；在这样的时间段进行电话回访，客户不仅有时间，而且不会反感。

5. 善用礼貌的语言

如果客户接到电话的一刹那，能够听到你送上的问候，想必内心会非常愉悦。如果客户经理善用礼貌的语言、赞美的语句，就能让客户消除偏见与隔阂。良好的素质与修养可以让回访更有效果。善用礼貌语言，就是对客户的尊重。

客户回访并不是简单打一个电话，而是要把这个"电话"当成一次重要的沟通、协商机会。回访工作做到位，就能让公私联动营销更加顺畅。加强客户回访工作，也是一项营销客户的重要方法。

八、搭建公私联动下的客户社群

互联网时代，人们纷纷借助互联网软件"营销"自己的朋友圈。比如利用QQ群进行拍卖，或者在YY平台进行直播营销。风靡全国的微商，也是典型的朋友圈营销方式。如今，每十个年轻人中就有一个在做微商。资深媒体人罗振宇认为："粉丝经济是我很红，你埋单；社群经济是我光牛逼不行，得我们一起牛逼起来。"俗话说，物以类聚，人以群分。营销属于自己的族群，也没有什么不妥之处……似乎这种社群营销模式正逐渐成为社会主流营销模式。商业银行为何不搭建属于自己的公私联动客户社群呢？

北方有一家商业银行客户经理老张，他有23年银行从业经验，可谓是资深银行客户经理。当他看到自己的女儿大学毕业后在自己的微信朋友圈从事微商，他就问女儿："我发现你们年轻人都在玩微信、刷朋友圈，都有什么作用啊？"女儿一五一十地告诉老张，自己每天动动手，就能轻松玩转朋友圈，并且每个月能够赚到2000元零花钱。

老张看到女儿利用微信玩转朋友圈，于是他买了智能手机也开始研究这种模式。起初他是这么认为：如果我把客户拉进微信，给他们提供服务就会更加便利。后来，他发现许多业内同行都在朋友圈营销客户，他也建立了一个微信营销群，并把自己所有的客户拉进微信群里。为了活跃微信群的气氛，老张经常发红包、讲笑话、普及金融知识。群里的气氛一天比一天活跃，甚至有群成员问老张："年底了，银行有什么好产品？"有人主动问，老张就进行有侧重点的营销。

半年后，银行组织公私联动，老张把活动信息公告在微信群里。微信群里的客户纷纷响应，给老张非常大的触动。老张也像自己的女儿玩转了朋友圈，并且成功做到社群营销，并取得非常好的效果。

这样的案例有很多，社群营销已经成为非常重要的营销方式。商业银行营销，虽然以服务为主，对社群进行服务也能起到良好的推动作用。商业银行如何进行社区营销呢？

1. 对客户进行分类

前面我们讲过客户分类的重要性。社群，就是不同的人组合而成的社区，在这个社区里，有相同的行业或者相同的志趣爱好。举个例子：某商业银行客户经理依照兴趣爱好对客户进行分类，他建立了"旅游群"、"自行车群"、"车族群"、"宝妈群"、"侃大山群"等。每一个群，人人都有相同的爱好。借助这样的分类，这个客户经理不仅能够组织社群活动，也能够借助活动加深社群成员之间的感情，并建立起友谊关系。

2. 建立社群信任感

人与人之间最宝贵的情感是信任。商业银行与客户之间，更加需要一种信任。社群是非常有趣的一个群体，这个群体或多或少存在一种"交互"关系，比如朋友、客户、家人等。当这些人碰撞在一起，就能够产生化学反应。有人认为："朋友的朋友是朋友，朋友的亲人是亲人，朋友的客户也是朋友！"在这样的关联下，如果银行客户经理能够经营好自己的客户群，不仅能够让客户与客户成为朋友，而且还能彼此形成一种互动、共享的关系。在交往、交流过程中，建立一种社群信任感，对后续营销会有巨大的推动作用。

3. 打造公私联动俱乐部

建立公私联动活动的客户社群，也是非常有意思的。举个例子：某商业银行成立了一个公私联动企业家俱乐部。这个俱乐部有66名企业家，每一名企业家背后都有一整套企业资源。这家银行通过建立社群，与企业家进行互动，成立了一个非常好的"企业联盟"。在企业联盟中，企业家们互动交流，分享管理经验……甚至有些企业成为"合作伙伴"！更重要的是，这家商业银行借助"俱乐部"推动了公私联动营销。仅仅一个月的营销活动，就完成了全年营销总目标的23%。由此可见，商业银行打造公私联动俱乐部对推动整体营销非常有意义。

4. 提供高匹配度服务

互联网时代，许多商业银行提供更加精准的营销和服务。有人说："过去我们都是搞'模糊数学'的，只要差不多就行；如今，我们必须搞'微积分'，不仅要精确，而且不能出现任何错误。"这位业内人士告诉我们，提供高匹配度的服务才是未来营销的出路。客户社群，恰恰为银行客户经理提供了便利的服务条件。客户社群为商业银行提供决策建议，也就会对商业银行产品、服务提出更高、更精确的要求。这也能够督促商业银行提供更加精准的营销服务。

客户社群是一群人的舞台。在这个舞台上，客户是主角，商业银行是导演。想要演好这场戏，需要双方紧密配合、相互信任、彼此支持……戏演好了，公私联动活动也就举办成功了。

九、制定公私联动客户流失防范策略

人们常说，只要把营销工作做到位，就能帮助组织进步。但是"营销"是一个非常大的概念，它涵盖许多方面。营销学不是一个简单的学问，而是一个非常复杂的学问。因此我们说，一名营销人员需要同时充当服务员、心理辅导员、公关人员等角色。胜任营销岗位，更需要销售人员具备一种综合的胜任能力。其中有一项能力：挽留客户的能力。这项能力，对营销也有极大帮助。

与挽留客户相对应的就是客户流失。客户流失是营销大忌，客户流失率大于客户新增率，就会给组织造成严重损失。如今，越来越多的银行、企业重视客户流失率。换句话说，流失掉的客户会壮大竞争对手的实力，某种程度也削弱了自己的竞争力。了解、分析客户流失原因，找到挽留客户的方式方法，是提高商业银行竞争力的主要方式。

首先，造成客户流失的原因有以下八种。

（1）沟通不畅：如果沟通不顺畅，商业银行与客户之间依旧存在不可调和的矛盾，客户就会选择离开。沟通不畅，说到底还是银行管理不到位、抑或银行客户经理责任心不够所导致的。

（2）管理失衡：我们常常提到二八原则，20%的大客户可以带来80%的收益额。二八原则告诉我们一个事实，并不是要求我们对20%的大客户用心，对另外80%普通客户不用心。如果管理失衡，采取一种不对等的营销服务策略，就会造成大量普通客户流失。

（3）诚信问题：俗话说，如果无法做到，就不要许下承诺。但是有些商业银行客户经理，为了实现业绩，可谓是"不择手段"，连哄带骗、轻易许下承诺。如果许多的承诺，客户没有得到银行兑现，就会认为银行的信用存在问题，继而选择其他银行。

（4）缺乏耐心：有一些年轻的银行客户经理，缺乏热情和耐心。如果客户有强烈的购买意向，会表现出很好的服务态度；如果客户购买意愿不强烈，或者客户非常纠结，就会让某些客户经理失去耐心，服务热情大减。面对缺乏诚意的银行客户经理的服务，客户也会选择离开。

（5）缺少细节：当下社会，各银行、企业之间进行营销PK，更多是细节方面的PK。谁的服务做得好、做得精，谁就能够走到前面。如果商业银行缺少营销、服务细节，就有可能失去客户，让客户选择服务更好的其他银行。

（6）调控因素：经济环境和宏观调控因素造成的客户流失，属于一种难以控制的流失。比如银行调息，对整个商业银行营销系统都是一种考验；客户的流失，也就更加难以控制了。

（7）被挖墙脚：事实上，"挖墙脚"这种事也是难以避免的。同行业之间相互挖墙脚也是一种PK竞争方式。毕竟目标客户资源有限，想要抢下资源，就要采取各种策略。

（8）人员变动：每个人身后都有自己的资源。尤其是银行管理人员，他们掌握着所在银行大量的客户资源。如果这类人员工作变动，或者被其他商业银行挖走，也会带走大量客户。

　　了解并掌握客户流失的原因，商业银行管理者就需要制定相关策略防止客户流失。

　　其次，制定客户流失防范策略。

　　许多商业银行都有客户流失防控手段，也有一些是专门针对公私联动营销制定的防范策略。通常来讲，防范策略有以下四种。

　　（1）管理客户诉求：如果客户开始发牢骚了，银行客户经理就要注意了：如果不做出处理，客户就会流失掉。因此，银行客户经理要重视客户诉求，搜集客户诉求，对每一名客户的诉求给予正面、积极处理。诉求处理完毕，还要形成管理数据，对后续营销加以调整和优化。

　　（2）客户满意度考评：客户满意度决定营销质量和客户流失率。如果商业银行加强对客户满意度考评，就会约束银行客户经理的工作行为，规范客户经理的营销、服务方式。客户满意度考评与绩效考评相似，或者将客户满意度考评纳入绩效考核体系，对银行客户经理有一种督促、激励作用。

　　（3）让客户参与监督：许多客户反应，"在许多银行面前，我们客户更像'客户'，根本没有把我们当成'上帝'！"言外之意，客户只有交易权，没有投诉权和监督权。如今，有一些商业银行网点大胆改革，邀请客户充当商业银行的监督员。客户对银行工作进行监督，可以提高银行的办事效率和服务质量。

　　（4）评价客户关系：客户关系是一种利益关系，更是一种合作关系。在公私联动营销中，战略关系的作用和意义远大于普通供需关系。如果一场营销活动结束后，商业银行要对客户关系进行重新梳理、评价，并进行分类。针对不同类型的客户关系，商业银行应采取不同的营销、服务策略，加大客户关系维护，提高客户满意度和忠诚度，从而提升客户关系的紧密程度。

　　除此以外，客户流失防范策略还有很多，比如重视公私联动服务细节等。客户流失等同于一个人"失血"，"失血"到一定的程度，就会影响人的生命。挽留客户，就是一种及时"止血"的方式。加大客户流失防范工作，就能留住客户，留住商业银行的核心利益。

十、做好公私联动下的客户关怀

常常有人问：营销的最高境界是什么？有人回答，是无与伦比的销售技能。还有人回答：是无法被拒绝的极致服务。不管答案是什么，销售技能与极致服务都可以促进营销。如果非要再加上一条，可能就是"客户关怀"！什么是"客户关怀"呢？顾名思义，客户关怀就是极致的服务，标准的服务。著名管理专家大卫·克拉特巴克认为："顾客关怀是服务质量标准化的一种基本方式，它涵盖了公司经营的各个方面，从产品或服务设计到它如何包装、交付和服务。"从某种角度上讲，客户关怀的本质就是服务。

互联网时代，人的价值逐渐提升。不管是员工的价值，还是客户的价值，似乎都在"水涨船高"。对于商业银行而言，目标市场逐年缩小，同行竞争越来越激烈。但是人们的思想却越来越开放，他们对于银行的服务要求也越来越高。互联网时代是买方市场，或者说是客户决定营销的时代。如果商业银行只是把"客户是上帝"停留在口头上……在瞬息万变的市场面前，恐怕会被客户所抛弃。因此，商业银行需要做好客户关怀工作，并且要将客户关怀与营销工作相结合。

首先，客户关怀能够为商业银行公私联动带来什么样的好处呢？

1. 提高客户忠诚度

很多时候，商业银行对客户的关怀会建立在营销基础与客户关系基础之上。比如，在公私联动中采取客户关怀，能够提高客户的满意度；在客户关系维护中采取客户关怀，能够提升客户的忠诚度。也就是说，客户关怀是一种客户满意度"催化剂"，它能够大大提高客户的忠诚度。

2. 提高客户购买力

有个营销专家认为："客户关系越紧密，企业与客户的合作之路也就越宽敞！"举个例子：某商业银行与某企业升级为战略伙伴关系，合作广度和深度得到进一步推进。就像两个铁哥们，其中一个向另外一个人推荐新产品，另外一个人不出意外都会选择去尝试。做好客户关怀，对提高客户购买力十分有帮助。

3. 降低服务成本

客户关系维护是需要成本的，具体成本包括人力服务费用、相关财务支出费用、应酬费用、交通费用、礼品费用等。如果将这笔费用累加起来，恐怕就是一个天文数字。客户关怀是一种心与心的维护，它消耗的是一种情感成本。用情感成本代替服务成本，就会为商业银行节省一大笔开支。

4. 为银行树口碑

举个例子：某商业银行借助良好的服务，营销一群残疾客户。在营销过程中，银行客户经理成为残疾客户的"手足"。客户让他们向左，他们就向左；客户让他们向右，他们就向右。客户经理的服务与关怀感动了这群特殊的客户。这群客户每到一个地方，都会为该银行进行宣传。对客户关怀到位，客户也会为商业银行说好话。

其次，商业银行应该向客户输出怎样的"关怀"呢？

1. 改善交易环境

如今，大多数商业银行网点的交易环境是不错的。针对公私联动营销活动，商业银行还要适当增加一些"活动体验环境"、"交易模拟环境"、"情感交流环境"，让交易环境更加人性化、舒服化，改善交易环境是提升客户关怀质量的方式之一。

2. 推行关怀理念

许多银行客户经理用"服务理念"和科学"营销理念"武装了自己，在公私联动活动中能够为客户提供一种标准的、合乎银行价值的服务。如果在这样的基础上对客户进行关怀，就能够形成一种标准化、合乎银行价值的客户关怀理念。这种理念能够让客户感受到自己在商业银行中的地位。

3. 提高三种质量

产品质量、服务质量、售后质量是营销质量的三个组成部分，也是客户关怀的灵魂。做好这些基础性工作，才能从根本上提升客户关怀质量，让客户心满意足。

客户关怀是一种科学"关怀"，它不仅是一句赞美的话、一个温暖的微笑，它是一种高标准化的服务。做好客户关怀，也就能推动商业银行公私联动，为银行争创"开门红"！